Tanneke Wigersma * Acht Tage mit Engel

Tanneke Wigersma

Acht Tage mit Engel

* * *

Aus dem Niederländischen
von Andrea Kluitmann

Sauerländer

Für alle, die beim Kindersorgentelefon arbeiten

Der erste Tag

*

»Und dann rennt die Kuh auf mich zu.« Trista krümmt die Finger zu Hörnern und muht.

Alle müssen lachen, außer Silke. Sie denkt an die Kuh. Stell dir vor, du bist eine Kuh. Du frisst den ganzen Tag Gras. Grünes Gras. Lecker. Silke neigt den Kopf, um an das Gras zu kommen. Ihr braunes, glattes Haar verwandelt sich in zwei Ohren. Ihre grünen Augen werden groß und braun. Ihre Nase wird rosafarben und feucht. Sie trägt kein Ringelshirt mehr, sondern hat ein weißes Fell mit schwarzen Flecken. Ich bin eine Kuh, denkt sie.

Ich stehe auf der Weide. Die Sonne scheint, aber ich lege mich nicht hin. Ich trotte. Schritt für Schritt. Ich habe einen schweren Körper, der nur mühsam vorankommt. Es ist, als würde ich im Schlamm waten. Bei jedem Schritt zittert die Erde. Ich laufe. Das ist zu langsam. Ich will schneller sein. Ich will weg von der Weide. Ich renne. Ich renne immer schneller. Meine Vorderbeine verlieren den Boden unter den Hufen. An meinen Beinen wachsen Federn, unten und oben. Meine Hinterbeine werden leicht und dünn. Ich habe keinen Kuhkörper mehr. Es ist hell. Ich habe einen Körper, den der Wind ganz leicht wegblasen kann. Ich bin ein Vogel. Die Weide liegt unter mir. Ich fliege hoch oben. So hoch, dass ich fast die Sonne berühre. Die Erde ist weit weg.

»Möchte noch jemand vom Wochenende erzählen?«, fragt Frau Hof, die Lehrerin. Ihre Stimme jagt Silke einen Schrecken ein. Ihre Flügel werden Arme und Hände. Ihre Krallen werden Füße. Aus ihrem Vogelkörper wird ein Menschenkörper. Sie fliegt nicht mehr durch die Luft, sie sitzt auf ihrem Platz im Kreis. Silke sieht die Lehrerin an. In der Hand hält sie einen Stapel Blätter.

»Letzte Woche habt ihr einen Aufsatz über Freundschaft geschrieben«, sagt Frau Hof. »Ich möchte ein paar Kinder bitten ihn vorzulesen.« Sie schaut Silke an. Silke ist ein Mädchen, das in einem Kreis im Klassenzimmer sitzt. Keine Weide mehr. Die Sonne ist weg.

»Er handelt nicht wirklich von Freundschaft, aber es ist eine gute Geschichte«, sagt Frau Hof. »Möchtest du sie vorlesen?«

»Ja, gut«, sagt Silke. Sie nimmt ihren Aufsatz entgegen. Alle sehen sie an. Sie beugt sich über das Papier. Mit leiser Stimme fängt sie an zu lesen. »*Ein Bär für Sophine. Es war Winter. Ich bummelte durch die Stadt, aber plötzlich fing es an zu schneien. Es war ein richtiger Schneesturm, so viele Flocken fielen vom Himmel. Schnell ging ich in ein Geschäft. Es war ein Spielzeugladen. Ich wollte dort warten, bis das Schneetreiben vorüber war, und guckte mich* inzwischen ein wenig um. *An der Wand stand ein Regal mit Schmusetieren. Auf dem obersten Brett saß ein großer weißer Bär. Er sah mich an und es war, als würde er sagen: »Nimm mich mit!« Ich stellte mich auf die Zehenspitzen und nahm ihn. Nicht für mich, denn ich mag lieber Kaninchen, sondern für Sophine. Meine Schwester mag Bären am allerliebsten. An ihrer Zimmertür hängt ein Bärenposter. Sie hat Bärenpantoffeln und einen Bärenpyjama und ganz viele Schmusebären. Große und kleine. Dicke und dünne. Sie hat sogar einen schwarzen Bären. Aber es gibt einen Bären, den sie noch nicht hat: einen Eisbären. Der große weiße Bär, den ich in den Händen hielt, war ein Eisbär. Ich habe ihn für sie gekauft. Durch die Hintertür bin ich in mein Zimmer geschlichen und habe den Bären hinter einem Stapel Comics unter dem Bett versteckt. Er liegt schon den ganzen Winter unter meinem Bett. Am Samstag hat meine Schwester Geburtstag. Sie wird acht. Dann bekommt sie ihren Bären.«*

Der Aufsatz ist zu Ende und in der Klasse bleibt es still. Silke sieht hinauf zu Frau Hof, die ihr gegenüber sitzt. Sie nickt lächelnd.

»Toll, so ein Bär«, sagt Trista. Sie sieht Silke an, aber Silke schaut auf den Fußboden. Sie betrachtet die Flecken auf dem Teppich.

Es klingelt. Alle stehen auf, packen ihre Taschen und rennen aus dem Klassenzimmer. Silke steht auch auf. Sie legt das Ringbuch in ihr Fach. Sie schiebt die Stifte in ihr

Federmäppchen und steckt es zusammen mit dem Aufgabenheft in ihre Tasche. Als sie aus dem Raum gehen will, steht die Lehrerin vor der Tür. Sie hält sie zurück.

»Warte mal bitte einen Moment.«

Silke sieht sie fragend an.

»Ist alles in Ordnung mit dir?«

»Ja, sicher.«

Frau Hof zieht die Augenbrauen zusammen. »Du bist so still. Als wärst du mit deinen Gedanken ganz woanders.«

»Oh«, sagt Silke. Alle Kinder in der Klasse schreien und kreischen die ganze Zeit. Ihre Lehrerin sollte sich doch freuen über jemanden, der den Mund hält.

»Wenn etwas ist, kannst du immer zu mir kommen.«

»Ja«, sagt Silke. Sie will weitergehen, aber Frau Hof steht im Weg. Endlich tritt sie einen Schritt zur Seite, so dass Silke vorbeikann.

»Bis morgen!«, ruft ihr die Lehrerin nach. Silke hört es nicht. Sie läuft schnell aus dem Schulgebäude.

Silke geht in den Park. Der Park ist groß. Es gibt dort eine Wiese mit einem Teich, eine Spielwiese mit einer Schaukel und ein kleines Rasenstück, auf dem fast nie jemand ist. Dort lässt sie sich auf eine Bank plumpsen. Über den Pfad kommt ein Mann. Er ruft ihr etwas zu, das sie nicht verstehen kann. Sie zuckt mit den Schultern. Der Mann bleibt keuchend vor ihr stehen. »Der Hund, der hier gerade vorbeirannte«, sagt er ungeduldig. Sie sieht sein verschwitztes Gesicht und seine roten Wangen.

»Hund?«, fragt sie.

»Ja, ein zotteliges Tier, nasse Schnauze. Etwa so groß.«
Der Mann hält die Hand in Kniehöhe. »Verstehst du?
Hast du gesehen, wohin er gelaufen ist?« Sie sieht ihn an.
Die Wiese sieht viel kleiner aus mit dem Mann darauf.
Aber einen Hund hat sie nicht gesehen. »Ich weiß es
nicht«, sagt sie.

Der Mann seufzt und dreht sich um. »Wodan!«, brüllt er.
Er verschwindet zwischen den Büschen. »Wodan!«

»Wer nennt seinen Hund auch schon Wodan?«
Silke schaut sich um. Neben ihr auf der Bank sitzt ein
Mädchen. Sie hat dunkle Locken und sehr blaue Augen.
Sie lacht.

»Ich würde nicht gern Wodan heißen. Das war nun nicht
gerade ein netter Gott.«

Und wenn schon, denkt Silke. Sie holt eine Tüte aus ihrer
Tasche. Darin ist ein übrig gebliebenes Butterbrot mit
Schokostreuseln.

»Wie würdest du deinen Hund nennen?«, fragt das Mädchen.

»Ich will keinen Hund«, sagt Silke. Sie nimmt einen Bis-
sen.

»Aber wenn du einen Hund hättest, wie würdest du ihn
dann nennen?«

»Mir doch egal«, sagt Silke.

»Du denkst ja nicht mal nach«, sagt das Mädchen. Sie
schaut Silke durchdringend an. Das Mädchen hat Augen
so blau wie der Himmel an einem warmen Sommertag.

Ein endloses Blau ohne das geringste Fleckchen. Silke hat noch nie so eine Augenfarbe gesehen. Ihr Vater hat auch blaue Augen, aber die sind graublau. Eisblau. Kalt. Sie schaut schnell weg.

»Wodan!« Der keuchende Mann kommt aus dem Gebüsch, ohne Hund.

»Er ist aus dem Park gelaufen«, sagt das Mädchen. Sie zeigt auf den Pfad.

»Danke«, sagt der Mann und rennt den Pfad hinab.

Den wären wir los, denkt Silke. Jetzt noch dieses Lockenkind. Aus den Augenwinkeln schielt sie zu ihr hinüber. Das Mädchen schiebt mit einem Schuh Sand zu Häufchen zusammen, die sie mit dem anderen Fuß wieder kaputttritt. Das macht sie pausenlos.

Silke nimmt das Handy. Sie hat es von ihrem Vater bekommen. Es ist ein gutes Spiel darauf mit zehn Leveln. Sie schafft es schon bis Level drei. Als sie es einschaltet, erklingt eine Melodie. Dann kommt ein Raumschiff angeflogen. Vom Raumschiff aus muss man Außerirdische jagen. Man kann sie mit einem Laserstrahl vernichten. Das Mädchen zieht eine Tüte aus der Hosentasche und reißt sie unter lautem Geraschel auf. Silke schießt ein paar Aliens ab. Von Level eins steigt sie auf nach Level zwei.

»Möchtest du auch?« Das Mädchen hält Silke die Tüte unter die Nase. Silke schüttelt den Kopf und spielt weiter.

»Probier mal, die schmecken super.«

Die Tüte raschelt. Sie legt das Handy hin und nimmt sie entgegen.

»Schön«, sagt das Mädchen und zeigt auf das Handy.

»Geschenkt bekommen.«

»Zum Geburtstag?«

»Nein.« Silke schaut sich die Tüte an. Sie ist blau, mit weißen Flügeln darauf.

»Was ist das?«, fragt sie.

»Flügelbonbons.«

Noch nie gehört, denkt Silke. Sie nimmt eins und steckt es sich in den Mund. Es schmeckt süß und luftig. So etwas Leckeres hat sie noch nie gegessen.

»Lecker, was?«, sagt das Mädchen. Sie zieht die Luft ein, als ob ihr das Wasser im Mund zusammenliefe.

»Geht so«, sagt Silke. Ihr Handy piept. Sie hat zu lange gewartet und jetzt ist sie ihre sieben Leben los.

»Ich würde meinen Hund Pizza nennen«, sagt das Mädchen.

»Oh.«

»Gefällt dir der Name nicht?«

»Dann denken alle, dass du Hunger hast, wenn du ihn rufst«, murmelt Silke. »Oder dass du verrückt bist.«

Das Mädchen zuckt die Achseln. »Was ist schon verrückt?«

Silke fängt wieder an zu spielen.

»Ich finde nicht so schnell was verrückt«, sagt das Mädchen.

Weil du selbst verrückt bist, denkt Silke. Sie passt nicht auf und verliert zwei Leben hintereinander. Doofes Spiel. Sie schaltet das Handy aus und steckt es in die Tasche.

Das Mädchen hält die Tüte mit den Flügelbonbons hoch, aber Silke steht auf und geht auf die Wiese. Sie bückt sich, um Klee zu pflücken, den sie in die leere Butterbrottüte fallen lässt. Das Mädchen stellt sich neben sie. »Warum machst du das?«

Damit ich unterwegs was zu essen habe, denkt Silke. Zufrieden? Aber das sagt sie nicht. »Ich habe ein Kaninchen.«

»Toll.«

Silke pflückt weiter. Ihr Kaninchen ist ganz wild auf Klee. Möhren findet es auch lecker und Gras, aber Klee mag es am allerliebsten.

»Wie heißt es?«

»Ka.«

»Und weiter?«

»Nix weiter. Weiter hinten hat es einen Schwanz«, sagt Silke. Sie stellt sich aufrecht hin. Das Mädchen auch. Silke tut, als sähe sie das nicht. Sie schließt ihre Tasche und geht auf den Pfad zu.

»Warte mal!«, ruft das Mädchen.

Silke bleibt stehen.

»Ich wohne erst seit kurzem hier und weiß nicht, wie ich nach Hause komme.«

»Wo wohnst du denn?«

»In der Lengestraat.«

Das ist ganz bei mir in der Nähe, denkt Silke. »Geh nur hinter mir her.«

Das Mädchen lächelt und geht neben Silke her.

»Ich heiße Engel«, sagt sie.

»Ich nicht«, sagt Silke.

Engel kichert. Sie nehmen den Pfad durch die große Wiese und durchqueren den Park. Engel schwingt die Arme. »Wie heißt du?«, fragt sie.

»Silke«, sagt Silke.

»Hübscher Name.«

»Ich habe ihn mir nicht ausgesucht. Du hast einen komischen Namen. Wer heißt denn bloß Engel?«

»Ich«, sagt Engel. »Ich heiße Engel.«

»Das ist doch kein Name. Hier entlang.« Sie verlassen den Pfad, gehen aus dem Park. Vor dem Park ist eine belebte Straße. Autos und Mopeds brausen hin und her. Sie schauen nach links und nach rechts. Als endlich eine Lücke entsteht, wechseln sie die Straßenseite.

»Hier gehört ein Zebrastreifen hin. Wir haben wirklich was Besseres zu tun, als Menschen beim Überqueren der Straße zu helfen«, murmelt Engel aufgebracht.

Selbstgespräche führt sie auch noch, denkt Silke. Blöde Ziege. Sie geht zügig. Engel ist kleiner. Sie muss große Schritte machen, um neben Silke zu bleiben. »Ich bin gestern hierher gezogen«, sagt sie. »Wo wohnst du?«

»In der Weitstraat.«

»Gefällt es dir hier?«

»Schon«, sagt Silke.

»Hast du Geschwister?«

»Eine Schwester.«

»Hast du viele Freundinnen?«

Aber hallo, soll das etwa ein Kreuzverhör sein, denkt Silke. »Hier nach links«, sagt sie. Sie stoßen zusammen, weil Engel nach rechts gehen will und Silke nach links.

Silke zuckt zusammen, als Engel plötzlich so nah neben ihr ist. Sie macht einen Satz nach hinten.

»Tut mir Leid«, sagt Engel.

»Schon gut«, murmelt Silke.

Sie gehen durch die Straße. Die Häuser sind hoch und haben große Fenster. Vor jedem Haus ist eine Steintreppe. Alle Haustüren haben unterschiedliche Farben.

»Schöne Häuser«, sagt Engel. »Und so schön groß.«

Silke bleibt stehen. »Hier wohne ich. Wenn du die Straße runtergehst und dann um die Ecke biegst, bist du in der Lengestraat.«

»Danke«, sagt Engel.

Silke geht zur Haustür. Sie zieht an der Kordel, die aus dem Briefkasten hängt, und öffnet die Tür. Als sie sich umdreht, sieht sie, dass Engel noch immer da steht. Sie winkt.

»Bis morgen«, ruft sie.

Bis morgen?, denkt Silke. Sie schließt die Tür fest hinter sich. Wieso bis morgen?

Im Flur steht ihr Vater. Er blättert im Telefonbuch.

»Hey.«

»Hallo Silke«, sagt er ohne aufzuschauen. Er blättert schnell, als könnte er etwas nicht finden. Dann schlägt er das Buch zu. Sie geht an ihm vorbei. Vater beugt sich herunter, um ihr einen Kuss zu geben, aber sie huscht

schnell die Treppe hinauf. Vater grinst. »Komm mal her!«
Sie geht zurück. Vater macht die Arme weit auf. »Was
macht die Prinzessin?«

Sie verneigt sich und gibt ihm einen Kuss auf die Nase.

»Der König bedankt sich«, sagt er und macht auch eine
Verbeugung.

»Kommst du, der Tee ist fertig!«, ruft Mutter aus der Küche.

»Noch ein Kuss.« Wieder breitet er die Arme weit aus.
Silke küsst ihn noch einmal. Auf die Wange.

»Die Prinzessin küsst sanft«, flüstert er, »sanfter als die
Königin.«

Silke kichert. Vater wedelt mit der Hand. Geh nur zu deiner Mutter, bedeutet das. Er muss wieder in seine Praxis.

»Sophine und ich wollen wissen, wie's in der Schule
war«, ruft Mutter.

»Ich komme gleich«, ruft Silke zurück. Sie geht die Treppe rauf zum ersten Stock. Es gibt vier Türen. Eine führt in
Sophines Zimmer. Eine in Silkes Zimmer. Eine ins Elternschlafzimmer und die letzte Tür ist die zum Bad. Sie öffnet ihre Zimmertür. Unter dem Fenster steht eine große
Holzkiste mit einer Drahttür. Ein weißes Kaninchen
macht Männchen dagegen.

»Hallo, Ka.«

Sie schließt die Zimmertür.

Der zweite Tag

* *

Alle Kinder schwatzen miteinander, weil die Lehrerin kurz aus dem Raum gegangen ist. Silke sitzt allein an ihrem Tisch. Ihre Hände liegen auf einem Stück Papier und rollen einen Bleistift hin und her. Sie schaut nach draußen. Die Bäume haben wieder Laub. Der Baum auf dem Schulhof ist eine große Wolke aus hellgrünen Blättern mit einem Stamm darunter.

Eine Meise fliegt am Fenster vorbei. Sie hat lauter Zweige im Schnabel. Gleich fliegt sie gegen die Scheibe, denkt Silke. Ein Fenster ist für einen Vogel einfach harte Luft. Aber die Meise fliegt unter die Dachpfannen. Im letzten Jahr hat sie dort auch ein Nest gebaut.

Die Tür des Klassenzimmers öffnet sich und geht wieder zu. Silke schaut auf. Vor der Klasse steht Frau Hof und neben ihr Engel.

»Guten Morgen«, sagt Frau Hof.

»Guten Morgen«, murmelt die Klasse. Sie flüstern miteinander. »Eine Neue.«

Engel lacht Silke zu.

»Du kennst hier wohl schon jemanden«, sagt Frau Hof.

»Ja«, sagt Engel. »Ich kenne Silke.«

»Das ist schön«, sagt Frau Hof zu Engel. »Kinder«, sagt sie zur Klasse, »das ist Engel. Sie ist gerade erst hierher gezogen und kommt in unsere Klasse.«

Silke spielt mit einem Radiergummi.

»Helft ihr Engel ein wenig sich einzugewöhnen?«

Die Kinder reden jetzt alle durcheinander.

»Das betrachte ich als ein Ja«, sagt Frau Hof. »Setz dich nur neben Silke«, sagt sie zu Engel. »Nehmt bitte alle eure Hefte raus. Wir fangen heute mit Erdkunde an.«

Engel geht durch den Raum zu Silkes Tisch am Fenster. Sie setzt sich. »Hey.«

»Hey«, murmelt Silke.

»Sitzt du allein hier?«

Sie sieht Engel an. »Wieso?«

Engel zuckt die Schultern. »Du hast so viel Platz um dich herum.«

»Ich mag viel Platz. Je mehr, desto besser«, sagt Silke. Sie nimmt ihr Heft und schlägt das Buch auf.

Engel packt ihre Sachen aus und legt sie auf den Tisch. Silke beugt sich über ihr Erdkundebuch. Aufgabe drei ist noch nicht fertig. Engel legt ihr Federmäppchen auf den Tisch. Die Bleistifte rollen über das Blatt. Auch auf Silkes Hälfte.

Den ganzen Tag über sieht Silke Engel nicht an. Sie guckt nicht, als Engel Blasen in ihre Milch macht. Sie guckt nicht, als Engel zusammenzuckt, weil Moniek manchmal so wiehernd lacht. Als es zur Pause klingelt, bleibt Silke sitzen. Sie beugt sich tief über ihr Buch. Still arbeitet sie an ihren Aufgaben, als säße sie allein am Tisch.

Es klingelt, die Schule ist aus. Alle stehen auf. Silke nimmt ihre Tasche und geht Richtung Tür. Engel packt ihre Sachen eilig zusammen und rennt ihr hinterher. Silke tritt aus dem Klassenzimmer. Sie hört, dass Frau Hof Engel zurückhält. »Wie findest du deine neue Klasse?«, fragt sie.
»Nett«, hört sie Engel sagen.
Silke geht weiter. Die anderen Kinder stürmen an ihr vorbei nach draußen. Sie verlässt die Schule und überquert den Hof.
»Warte!«
Plötzlich geht Engel neben ihr. Sie ist ein wenig außer Atem. »Ich komme mit.«
»Warum?«, fragt Silke.
»Warum nicht?«
»Ich gehe nicht nach Hause.«
»Wohin dann?«
»In den Park.«
»Schon wieder?«
»Ich gehe in den Park, um allein zu sein«, sagt Silke.
»Tu nur, als wäre ich nicht da«, sagt Engel.
Silke wird rot. Sie wirft Engel einen Seitenblick zu. Ob sie böse ist, dass sie den ganzen Tag kein Wort zu ihr gesagt

hat? Aber Engel guckt nicht böse oder traurig. Sie guckt lieb.

Trotzdem finde ich sie doof, denkt Silke.

Schweigend überqueren sie die Fahrbahn. Sie gehen durch die belebte Straße zum Park. Silke steuert auf die kleine Wiese zu und Engel folgt ihr. Sie setzen sich auf die Bank. Silke holt ihr Handy aus der Tasche. Ein Radiergummi fällt auf den Boden. Engel hebt ihn auf. Es ist ein rosafarbenes Herz mit grünem Rand. *Love* steht darauf.

Silke sieht aus den Augenwinkeln, wie Engel ihn zwischen den Fingern hin und her dreht und ihn sich anguckt. Silke sammelt Radiergummis. In ihrem Zimmer steht ein großes Glas voll in sämtlichen Farben. Es sind Tiere. Oder einfach irgendwelche Formen. Sophine sammelt sie auch, aber sie hat nicht so viele. Sie verliert sie ständig. Einmal fand Mutter einen Radiergummi von Sophine hinter dem Herd.

»Ist das deiner?«, fragte sie.

Sophine nickte strahlend.

»Wie kommt der denn dorthin?«

Das wusste sie nicht.

»Irgendwann verlierst du noch deinen Kopf«, sagte Mutter.

Sophine wusste es wirklich nicht. Wahrscheinlich hatte sie damit rumgeworfen, denkt Silke. Das macht sie öfter, weil sie findet, dass Radiergummis so gut springen. Sie selbst geht viel sorgfältiger damit um. Darum bekommt sie immer einen, wenn ihr Vater einkaufen war.

Engel streckt die Hand aus und legt das Herz auf Silkes Knie. Sie hat den Radiergummi heute Morgen bekommen. Er lag neben ihrem Teller.

»Ich habe ganz viele«, sagt sie stolz.

»Hast du dir die gekauft?«

Sie schüttelt den Kopf. »Von meinem Vater bekommen.«

Sie lacht Engel an, aber die lacht nicht zurück.

»Sammelst du auch etwas?«, fragt Silke schnell.

Engel überlegt. Zu blöd, denkt Silke. Ich hätte sie nichts fragen sollen. Jetzt wird sie natürlich drauflosquasseln.

Sie steckt den Radiergummi in die Tasche.

»Ich sammle Menschen.«

Engel ist verrückt, das ist nun wirklich klar.

»Frohe Menschen. Keine unglücklichen Menschen«, fährt Engel fort.

»Was für ein Unsinn«, sagt Silke.

»Gar nicht. Wenn ich jemanden treffe, der unglücklich ist, versuche ich ihn froh zu machen. Wenn das geklappt hat, habe ich wieder jemanden für meine Sammlung.«

Silke zieht die Augenbrauen zusammen.

»Denkst du etwa, ich hebe die Menschen in einem Glas auf?«, kichert Engel. »So wie du deine Radiergummis?«

Silke denkt nichts, aber sie versucht es sich vorzustellen. Lauter Menschen wie Gurken in einem Glas, die Nasen flach gegen die Wände gedrückt.

»Es ist schlimm, wenn Menschen unglücklich sind. Das ertrage ich nicht.« Engel seufzt. »Ich versuche jemandem zu helfen, und wenn es gelingt, bekommt er das.« Sie zieht etwas aus ihrer Jackentasche. Silke möchte nicht zu neugierig sein, aber sie ist es doch. In Engels Hand liegt ein silbernes Figürchen. Es ist ein kleiner Engel mit Glasflügeln.

»Der ist schön«, sagt Silke.

»Jeder, der so einen hat, gehört zu meiner Sammlung.«

»Hm«, sagt Silke. »Und wen willst du nun glücklich machen?«

»Weiß ich noch nicht«, antwortet Engel.

Silke steht auf.

»Gehst du schon?«

»Ja, ich muss nach Hause.« Sie sieht Engel an, aber Engel schaut zur Wiese. Sie zeigt darauf. »Musst du denn kein Gras pflücken?«

Verflixt, denkt Silke. Sie hat Ka völlig vergessen.

»Heute bekommt er Möhren«, sagt sie und geht weg. Sie hört, dass Engel aufsteht und hinter ihr herrennt.

»Warte!«

Silke geht schnell weiter.

»Weißt du jemanden für meine Sammlung?«

Silke wird wütend. Was für blöde Fragen dieses Mädchen stellt.

»Ja?«

»Halt den Mund und lass mich in Ruhe.«

Engel presst die Lippen zusammen.

Das war nicht nett von mir, denkt Silke. Aber warum läuft sie nicht jemand anderem nach? Warum muss sie sich ausgerechnet an mich hängen?

Schweigend verlassen Silke und Engel den Park. Gleichzeitig schauen sie nach links und dann nach rechts und überqueren die Straße. Viel zu schnell sind sie in der Weitstraat. Mutter kommt gerade mit einem Topf Veilchen nach draußen. Sie stellt sie auf die Fensterbank. Sie winkt der Nachbarin zu. Silke geht über den Weg. Sie hinterlässt eine Spur in dem frisch geharkten Kies.

»Ich hatte gerade geharkt«, sagt Mutter. Dann sieht sie Engel.

»Hallo.«

»Hallo«, sagt Engel.

»Möchtest du mir das Mädchen nicht vorstellen?«, fragt Mutter Silke.

»Ach, nur jemand aus meiner Klasse«, antwortet sie.

Mutter winkt Engel näher. »Möchtest du vielleicht eine Tasse Tee?«

Oh nein, denkt Silke. »Ich muss noch Hausaufgaben machen«, sagt sie schnell.

»Ich bleibe nicht lange«, sagt Engel. Sie geht über den Kiesweg an Silke und Mutter vorbei ins Haus.

»Ich habe gar nichts zum Naschen da«, sagt Mutter. »Silke, warum hast du mir nicht gesagt, dass du eine Freundin mitbringst? Sophine ruft immer vorher an.«

»Sie ist keine Freundin«, murmelt Silke. Eine Freundin geht neben einem und rennt nicht hinter einem her und fragt, ob man jemanden für ihre Sammlung weiß.

»Macht nichts, Mam«, sagt Silke. Sie gehen ins Haus. Mutter füllt Wasser in den Wasserkocher. Engel und Silke setzen sich an den Tisch. Auf der Treppe ertönt Gepolter. Die Tür zum Flur wird aufgerissen und ein kleines blondes Mädchen stolpert herein. »Hallo.«

»Das ist meine Schwester«, sagt Silke zu Engel.

»Ich heiße Sophine«, sagt das Mädchen.

»Ich heiße Engel und gehe in Silkes Klasse.«

»Oh«, sagt Sophine. Sie setzt sich auf einen Stuhl. »Ich will Kuchen.«

»Sophine, quengle bitte nicht so«, sagt Mutter. Sie stellt die Teekanne auf den Tisch.

»Hilfst du mir?«, fragt sie Silke. Silke steht auf und nimmt die Tassen. Mutter stellt Zucker und die Plätzchendose auf den Tisch.

»Ich will aber Kuchen«, sagt Sophine.

»Du weißt, was Papa gesagt hat«, sagt Mutter.

»Du bist aber nicht Papa.«

»Wenn du so viel Süßes isst, wirst du zu dick.«

Sophine verschränkt die Arme vor der Brust.

»Sieh dir deine Schwester an. Die ist schön schlank. Und guck dir das an.« Mutter schlägt sich auf den runden Bauch. »So möchtest du doch nicht werden.«

Sie zwinkert Engel zu.

»Ich will aber trotzdem Kuchen«, sagt Sophine.

»Du kannst nicht immer alles bekommen, was du willst.«

»Silke bekommt aber immer alles, was sie will.«

Silke grinst ihre Schwester an.

»Ich habe gestern von Papa einen Schokoriegel gekriegt«, sagt Sophine. Sie grinst zurück.

Silke steckt einen Löffel in jede Tasse. Sie weiß, dass Vater Sophine oft was zu naschen gibt. Wenn er sonntags kocht, ruft er sie immer in die Küche. Dann lässt er sie kosten und sie darf eine Note geben. Sie gibt immer eine Zwei plus.

Silke hält Engel die Dose hin. Engel nimmt einen Keks. Silke sieht ihre Schwester an. Sophine nimmt auch einen Keks. »Hm, ich mache Butter und Zucker darauf.«

Mutter schüttelt den Kopf. »Nein, Sophine.«

»Tue ich aber doch.« Sophine nimmt Butter und Zucker. Silke sieht Mutters Mund auf- und wieder zuklappen. Sie will etwas sagen, tut es aber nicht. Mutter lächelt Engel an, während sie Tee einschenkt. »Ihr geht also in dieselbe Klasse?«

Engel nickt. »Wir sitzen auch nebeneinander.«

Mutter lächelt. »Meine Tochter ist klug. Vielleicht kannst du was von ihr lernen.«

Silke sieht Engel nicht an. Sie wird rot. Gleich fängt Mutter wieder von ihrem Zeugnis an.

»Sie hat auch so ein gutes Zeugnis! In allen Fächern mindestens eine Zwei.«

Silke trinkt schnell ihren Tee leer. »Hausaufgaben!« Sie stellt ihre Tasse auf die Spüle. Dort steht eine Schale Wasser mit einem Bund Möhren darin. Sie zieht eine heraus. Engel steht auch auf. »Danke für den Tee. Ich muss nach Hause.«

»Jetzt schon?«, fragt Sophine.

»Komm ruhig wieder«, sagt Mutter. Engel nickt.

»Bringst du deine Freundin nicht zur Tür?«, fragt Mutter. Aber Silke ist schon aus der Küche gegangen. Sie geht die Treppe rauf zu ihrem Zimmer. Ka stützt sich mit den Vorderpfoten gegen den Maschendraht.

»Hallo, Ka.« Sie öffnet den Käfig und nimmt Ka auf den Schoß. Sein Fell ist warm und weich. Er schnüffelt an ihrem Arm. Sie streichelt ihm über Kopf und Ohren.

»Und jetzt? Sag nur, was soll ich tun?«

Ka schnüffelt an Silkes Haaren. Er knabbert daran.

»Du hast Hunger.«

Sie nimmt die Möhre und hält sie Ka hin. Er beißt hinein und zieht ihr die Möhre aus der Hand.

Es ist Abend und Silke liegt im Bett. Sie schaut rauf zur Decke. Draußen weht es. Ein kleiner Windstoß kommt ab und zu herein, um mit den Gardinen zu spielen.

Sie hört Sophine im Schlaf reden. Dann hört sie die Treppe knarren. Mutter geht zu Bett. Das Licht im Treppenhaus springt an. Sie hört, dass sie sich die Zähne putzt. Das Licht geht aus. Das Bett quietscht. Sie schläft. Das weiß Silke, weil Mutter Schlaftabletten nimmt. Die wirken sofort.

Kurze Zeit später hört sie wieder Schritte auf der Treppe. Vater ist jetzt erst fertig mit der Arbeit. Er geht nach oben. Die Treppe knarrt weniger, wenn er raufgeht. Er lässt die knarrenden Stufen aus. Vater schaltet das Licht nicht an, er geht gleich ins Elternschlafzimmer. Silke macht die Augen zu und schläft ein.

Der dritte Tag

＊ ＊ ＊

Silke sitzt an ihrem Tisch. Engel kommt ins Klassenzimmer und setzt sich neben sie.

»Hey«, sagt sie.

»Hey.«

»Ich bin eben bei dir vorbeigegangen, aber du warst schon weg.«

Silke spielt mit einem Radiergummi. »Hm«, sagt sie. Muss sie jetzt etwa auch schon mit Engel gemeinsam zur Schule gehen?

Die Lehrerin kommt herein. Sie stellt ihre Tasche auf den Tisch und hängt ihre Jacke über die Stuhllehne. »Guten Morgen.«

»Guten Morgen«, ruft die Klasse.

»Heute rechnen wir.« Die Kinder seufzen.

»Ich rechne nicht gern«, sagt Engel. »Du?«

Silke zuckt mit den Schultern. Es ist ihr egal.

»Nehmt eure Rechenhefte bitte raus«, sagt Frau Hof.

»Ich finde es furchtbar«, fährt Engel fort. »Die ganzen Zahlen.«

»Ruhe bitte!«

Sie beugen sich über die Rechenhefte. Engel fängt leise an zu summen.

Silke räuspert sich. Engel schaut auf. »Bist du erkältet?«

»Nein, ich kann nicht rechnen, wenn du singst.«

»Ich summe.«

»Frau Hof sagt, dass wir ruhig sein sollen.«

»Wenn ich summe, geht es besser.«

»Lass es trotzdem bleiben, ja?«

»Oh.«

Sie beugen sich wieder über ihre Hefte. Silke schaut auf die Summen. Die Zahlen tanzen vor ihren Augen. Es sind ja auch so viele. Ihr wird ganz schwindlig. Sie schließt die Augen.

Als Frau Hof sagt, dass die Zeit um ist, ist sie nicht viel weitergekommen.

Silke lehnt sich gegen einen Baum. Engel stellt sich neben sie.

»Die beiden sind doch bei uns in der Klasse?« Engel zeigt auf zwei Mädchen auf der anderen Seite des Schulhofs.

»Das sind Trista und Moniek«, sagt Silke.

»Was machen die da?«

Trista und Moniek stehen sich gegenüber. Sie sagen nichts, sondern sehen sich nur an.

»Keine Ahnung«, sagt Silke. Es interessiert sie auch nicht.

»Komm«, sagt Engel. Sie zieht Silke am Arm.

»Ich will nicht«, sagt Silke. Sie reißt sich los.

»Warum nicht?«

»Ich denke gerade nach.«

»Das kannst du auch während der Stunde machen. Komm jetzt.« Engel zerrt sie vom Baum weg.

»Lass das!«, sagt Silke wütend.

»Nur ganz kurz.« Engel geht weg. Widerwillig trottet Silke hinter ihr her. Sie gehen auf Trista und Moniek zu.

»Was macht ihr da?«, fragt Engel.

»Ein Spiel«, erklärt Moniek. »Wir stehen uns gegenüber. Man muss einander ansehen und darf nichts sagen. Wer zuerst lacht, ist raus.«

»Gutes Spiel«, sagt Engel.

»Na ja«, sagte Silke. »Das ist doch ganz leicht.«

Trista lacht. »Sollen wir's mal versuchen?«

Silke zuckt mit den Schultern. »Warum nicht.« Sie stellt sich Trista gegenüber. Silke schaut in ihre braunen Augen. Aber sie schaut nicht wirklich. Es ist, als sähe sie mitten durch Trista hindurch und betrachtete die Mauer hinter ihr.

»Du kannst es sehr gut«, sagt Trista.

Silke nickt. Es kostet sie keine Mühe.

»Jetzt wir«, sagt Engel. Sie stellt sich Silke gegenüber. Silke schaut in Engels Augen. Sie sind so blau wie der Himmel. Das Blau ist so tief, dass Silke darin ertrinkt. Ihre Arme und Beine treiben von ihr weg. Sie wird blass. Sie fühlt sich so leicht wie eine Wolke.

Ich bin eine Wolke, denkt Silke. Ich lasse mich vom Wind treiben. So hoch, dass niemand mich erreichen kann. Ich sehe die ganze Erde zu meinen Füßen liegen. Oh, nein, ich habe keine Füße.

Engel blinzelt. Vor das Blau huschen schwarze Wimpern. Das Blau wird ein Paar Augen. Engels Augen. Silke hat wieder Beine und Arme. Sie schwebt von oben nach unten. Aus Licht wird Körper. Sie spürt den festen Steinboden unter ihren Füßen. Engel legt die Stirn in Dackelfalten. Es macht ihr Gesicht anders. Silke fängt an zu lachen.

»Aus!«, ruft Engel.

Silke lacht. »Das gilt nicht. Du hast ein komisches Gesicht gezogen.«

»Das ist erlaubt«, sagt Trista.

»Oh«, sagt Silke.

»Jetzt wir.« Trista stellt sich Engel gegenüber. Engel streckt die Zunge raus und schielt. Trista lacht. Silke lacht.

»Noch mal«, sagt Moniek. »Du darfst nicht aufhören zu gucken, schielen gilt nicht.«

Engel sieht Trista starr an. Trista schaut unbeirrt zurück. Engel macht ein komisches Gesicht, aber Trista lacht nicht. Dann streckt Trista die Zunge raus und berührt damit fast ihre eigene Nasenspitze. So was hat Silke noch nie gesehen. Auch Engel guckt erstaunt. Trista fängt an zu lachen.

»Mach noch mal«, bittet Silke.

Trista streckt die Zunge raus und berührt ihre Nasenspitze.

»Das können nur Kühe«, sagt Silke.

»Danke«, sagt Trista.

»Ich möchte auch mal gegen dich«, sagt Moniek zu Silke. Sie stellt sich Silke gegenüber, aber da klingelt es. Die Pause ist vorbei.

»Schade«, sagt Trista.

Das muss ich mal mit Sophine machen, denkt Silke.

Silke und Engel sitzen im Park. Es regnet ein wenig. Engels Haar kräuselt sich noch mehr, aber Silkes Haar hängt schlaff herunter. Sie zieht sich die Kapuze über. »Du brauchst nicht auf mich zu warten«, sagt sie. »Inzwischen kennst du ja den Weg.«

»Musst du denn nicht nach Hause?«

»Nein.«

»Warum nicht?«, fragt Engel.

»Ich sitze hier gut.«

»Es regnet.«

»Mir gefällt es hier«, sagt Silke. Sie zieht sich die Kapuze noch tiefer in die Stirn und zurrt sie fest. Der Regen läuft ihr über den Kopf, an der Jacke und den Beinen entlang direkt in ihre Schuhe. Das gibt wieder Ärger zu Hause, denkt Silke. Der ganze Flur steht unter Wasser!, ruft Mutters Stimme in ihrem Kopf.

Auch wenn es nur ein paar Tropfen sind.

»Ich kannte mal ein Mädchen in einer anderen Stadt«, fängt Engel an zu erzählen.

»Was?«, fragt Silke.

Engel rückt ein wenig näher. »Ich kannte mal ein Mädchen. In der Stadt, in der ich vorher wohnte. Ab und zu kam sie zum Spielen zu mir, aber ich ging nie zu ihr. Einmal fragte ich sie, ob ich ihr Zimmer sehen dürfe. Morgen, sagte sie. Es blieb immer bei morgen. Stets kam etwas dazwischen.

Ich war so neugierig, dass ich ihr eines Tages nachgegangen bin. Ich klingelte. Meine Freundin machte auf. Sie zeigte mir ihr Zimmer, mit einer Schaukel. Wir haben zusammen gespielt. Es war so richtig schön. Ich verstand nicht, warum sie mich nie gefragt hatte, ob ich zu ihr kommen wolle.

Nach dem Essen ging ich weg. Als ich über den Gartenweg ging, fiel mir ein, dass ich meine Tasche in ihrem Zimmer vergessen hatte. Ich ging über den Weg zurück, durch den Garten hintenherum ins Haus. Ich sah, dass ihr Vater ihre Mutter schlug. Meine Freundin saß mit geschlossenen Augen am Tisch.«

Engel hört auf zu reden.

»Warum erzählst du das?«, fragt Silke.

Engel hebt die Schultern. »Ich musste an sie denken«, sagt sie.

»Kurz danach ist sie umgezogen. Ich habe sie nie mehr gesehen.«

»Ja und?« Silke tritt mit dem Fuß in den Sand.

»Ich hätte ihr gerne geholfen.« Engel schluckt.

Gleich fängt sie auch noch an zu heulen, denkt Silke. Aber hier mitten im Regen ist das schwer zu erkennen. »Du wolltest sie natürlich für deine Sammlung haben.«

»Ja«, sagt Engel. »Da hätte sie gut reingepasst.« Sie lacht. Wenn Engel lacht, ist es, als würden jede Menge Bläschen im Wasser gurgelnd aufsteigen. Silke muss auch lachen. »Den Mann gestern, den hättest du doch sammeln können.«

»Wen?«

»Den Mann hier im Park, der seinen Hund verloren hatte. Dem hast du geholfen.«

Engel nickt. »Aber er war nicht richtig unglücklich.«

»Woher weißt du denn, ob jemand richtig unglücklich ist?« Silke macht einen Knoten in die Kordel ihrer Kapuze und zieht fest daran. Der geht da nie wieder raus.

»Sie lachen weniger«, sagt Engel. »Sie sitzen oft allein rum. Oder machen sich Sorgen um andere. Du hast übrigens eine nette kleine Schwester.«

»Ja.«

»Wie alt ist sie?«

»Samstag wird sie acht.«

»Hast du schon ein Geschenk für sie?«

»Einen Bären. Sie sammelt Bären.« Silke fummelt an der Kordel herum. Sie wird acht, denkt sie. Sie macht noch einen Knoten.

Silke sitzt am Tisch. Sophine hängt mit dem Kopf nach unten auf ihrem Stuhl. Vater kommt herein.

»Wo ist Mama?«

»Sie sammelt Geld mit den Damen vom Rotary Club«, sagt Silke geziert. Sophine muss lachen.

»Ja ja«, sagt Vater. Er kratzt sich am Kopf. »Jemand muss mir mal kurz helfen.«

»Ich, ich!«, ruft Sophine.

Vater schüttelt den Kopf. »Ich glaube, dass ich mein großes Mädchen darum bitte.« Er beugt sich zu Silke. »Und, Schwester, was meinen Sie? Können Sie Blut sehen?«

Silke wird rot. Sie möchte später auch Ärztin werden, aber sie darf fast nie in die Praxis. Vater geht aus der Küche.

»Pff«, sagt Sophine.

Silke streckt ihr die Zunge raus.

Auf dem Fußboden, im Mondlicht, sitzt Silke mit Ka auf dem Schoß. Sie hört Schritte im Flur. Ihr Vater. Wäre sie doch nur ein Kaninchen. Kaninchen. Kaninchen. Das Wort Kaninchen stößt innen an ihren Kopf. Kaninchen! Kaninchen! Kaninchen! Es springt wie ein Pingpong-Ball quer durch ihren Kopf, von der einen Seite zur anderen. Der Ball springt so fest, dass links und rechts an ihrem Kopf zwei Hubbel wachsen. Die werden immer größer und länger. Ihre Haut spannt. Sie platzt. Darunter ist ein weiches, braunes Fell mit kleinen, zarten Härchen. Ihre Kleider fallen auf den Boden. Ihre Finger schrumpfen. Ihre Hände werden Pfoten. Silke beugt sich vornüber. Gemeinsam mit Ka sitzt sie auf vier Pfoten auf dem Fußboden ihres Zimmers.

Sie ist ein Kaninchen.

Ich bin ein Kaninchen, denkt Silke. Ich kann weghoppeln

und mich in einer Höhle verkriechen, so dass niemand mich sehen kann.

Ihre Zimmertür geht auf.

»Silke?«

Ich bin nicht Silke, denkt Silke. Ich bin ein Kaninchen, das wegrennen und sich in einer Höhle verkriechen kann. Ich bin ein Kaninchen und will Möhren essen. Nichts ist leckerer als Möhren. Butterbrote mit Schokostreuseln sind eklig.

»Silke?«

Silkes Kaninchenfell wird Haut. Ihre Kleider stülpen sich wieder über ihren Körper. Die langen Ohren flutschen zurück in ihren Kopf. Pfoten werden Arme und Hände. Plumps, sie sitzt auf dem Boden. Ka liegt warm in ihren Armen. Vater steht im Türrahmen. Er streckt die Hand aus. Ein kleines braunes Päckchen liegt darauf.

»Komm und hol's dir nur.«

Sie setzt Ka in seinen Stall und geht zu Vater. Vorsichtig greift sie nach dem Päckchen. Er hält es gut fest. Sie zieht.

»Du willst es gern haben, was?« Er lacht und lässt los.

Was wohl darin ist? Das Päckchen ist zu groß für einen Radiergummi. Es ist hart.

Schnell reißt sie das braune Papier auf. Ein weißer Futternapf kommt zum Vorschein. KA steht in großen Buchstaben darauf.

»Redest du viel mit deiner Freundin?«

Mutter hat natürlich erzählt, dass Engel da gewesen ist.

»Sie ist nicht meine Freundin«, murmelt Silke.

»Du bist lieb«, sagt er und streichelt ihre Wange. »Und was sagst du nun?«

»Danke«, sagt sie. Sie freut sich wirklich. Gestern hat sie den alten Napf fallen lassen. Er zersprang auf dem Fußboden in zehn Stücke. Ob er das gehört hat?

»Du brauchst dich nicht zu bedanken«, sagt Vater. Er legt ihr die Hände auf die Schultern. »Du hast mir heute so toll geholfen.«

Aus Sophines Zimmer erklingt Gerede.

»Sie träumt schlecht«, sagt sie.

»Sie ist noch nicht so ein großes Mädchen wie du«, sagt Vater. »Ich werde sie noch mal gut zudecken.«

»Das mach ich schon«, sagt Silke, während sie schnell zur Tür geht. »Ich schau nach ihr.«

Vater beugt sich vor. »Könnte Ihre Hoheit, gnädige Prinzessin, der anderen Prinzessin bitte einen Kuss überbringen?« Er küsst Silke auf die Wange. Sie kichert.

»Und jetzt?« Vater sieht Silke an.

»Jetzt musst du dich noch verneigen«, sagt Silke.

»Nur, wenn du das auch machst.«

Sie verbeugen sich beide. Vaters Kopf berührt ihre Wange.

»Gute Nacht, Prinzessin.« Er geht weg.

Silke geht in Sophines Zimmer und schließt die Tür fest hinter sich.

»Was habt ihr da geredet, Papa und du?«, fragt Sophine schläfrig.

»Nichts«, sagt Silke. Sie stopft die weggestrampelte Bettdecke wieder fest.

Der vierte Tag

****

Silke und Engel sitzen an ihrem Tisch in der Klasse. Vor ihnen liegt ein weißes Blatt Papier und zwischen ihnen liegen die Buntstifte. Sie halten beide einen Stift in der Hand.

»Was zeichnest du?«

Engel kaut an ihrem Stift. »Einen Flitzerwau.«

»Einen was?«, fragt Silke.

Engel verzieht keine Miene. »Ein Flitzerwau ist ein großes drachenähnliches Wesen, das in der Luft lebt. Es ist weiß und hat lange Flügel. Der Flitzerwau fliegt ganz ruhig hin und her. So langsam wie eine Wolke. Du denkst, dass du eine streifenförmige Wolke siehst, aber in Wirklichkeit ist das ein Flitzerwau. Und was zeichnest du?«

»Ich ...«, fängt Silke an. Sie denkt nach. Was Engel kann, kann sie auch. »Ich zeichne einen Kwamp.«

»Einen Kwamp«, sagt Engel nachdenklich. »Die leben doch im Sumpf?«

Silke schüttelt den Kopf. »Am Sumpfrand, im Gebüsch.«

»Ach ja, stimmt«, sagt Engel. »Mit den Füßen im Matsch und dem Kopf zwischen den Blättern.«

»Genau.«

»Viel Glück mit deinem Kwamp.«

»Viel Glück mit deinem Fitzerwau.«

»Flitzerwau.«

Sie beugen den Kopf übers Papier und fangen an zu zeichnen. Silke zeichnet die Füße des Kwamps. Sie sehen aus wie die einer Ente. Der Kopf ähnelt dem eines Hirsches und der Körper ist von einem Bären, aber kleiner. Sie zeichnet eine Schuppenhaut und Beine, die im Matsch stecken. Es wird ein unerschrockener kleiner Kwamp.

»Silke?« Engel stützt den Kopf in die Hände und sieht sie an.

»Was ist?«, fragt Silke.

»Ich bin fertig. Du auch?«

»Fast.« Sie nimmt einen roten Buntstift. Der Kwamp hat giftige Stacheln auf dem Rücken. Alle, die ihn anfassen, werden gelähmt.

Sie sitzen auf der Bank im Park. Engel schaukelt mit den Beinen hin und her. Das macht Silke ganz kribbelig. Sie trommelt mit den Fingern auf das Holz. Am liebsten würde sie Engels Beine an der Bank festbinden. Mit dickem Schiffstau.

»Was machst du?«, fragt Engel.

»Nichts«, sagt Silke. Das sieht sie doch. Transuse.

Engel hält die Beine still. Silke gähnt. Es ist warm heute. Wenn sie jetzt nach Hause ginge, könnte sie mit Sophine spielen.

Sophine spielt im Hof hinter dem Haus. Sie hat mit Kreide Hinkelkästchen gezeichnet. In Blau und Gelb und Grün.

»Woran denkst du?«

Am besten erzählt sie Engel irgendwas. Sie gibt sonst doch keine Ruhe. »An Sophine.«

»Was macht sie?«

»Sie übt hinkeln, damit sie – wenn ich nach Hause komme – besser ist als ich. Und dann hinkeln wir um einen Radiergummi.«

»Ich stelle es mir schön vor, eine Schwester zu haben.«

»Hast du keine?«

»Nein«, sagt Engel. »Ich hätte aber gern eine. Oder einen Bruder.«

»Du hast eine Menschensammlung.«

Engel lacht. Silke lacht auch. »Hast du schon jemand neuen für deine Sammlung?«

Engel sieht Silke an. »Ja.«

»Wen?«

»Dich.«

Silke lacht laut. »Ich bin nicht unglücklich.«

»Nein?«

»Du hast zu viel Phantasie«, sagt Silke. Diese Engel soll endlich aufhören, ihre Stupsnase in die Angelegenheiten anderer Leute zu stecken. Engel streckt die Hand aus. Sie hat eine neue Tüte Flügelbonbons dabei. Silke will nicht. »Ich glaube, dass du Probleme zu Hause hast«, sagt Engel, während sie die Tüte aufreißt.

»Dann weißt du aber mehr als ich.«

»Möchtest du wirklich nicht?«

»Hör auf!« Silke schiebt die Tüte mit einer unwirschen Bewegung weg. Sie fällt Engel aus der Hand und auf den Boden. Die Flügelbonbons landen im Sand. »Macht nichts«, sagt Engel. Silke schaut auf die Bonbons am Boden. Sie weiß nicht, was sie tun soll. Das passiert ihr immer mit neuen Freunden. Eine kleine Weile ist es schön, bis sie die falschen Fragen stellen. Sie geht wohl besser nach Hause. Mit einem Ruck steht sie auf und geht weg. Am Ende des Rasens dreht sie sich um. Engel ist ihr nicht gefolgt. Sie hockt auf dem Boden und hebt die Bonbons auf. Silke geht aus dem Park. Futsch, die Freundschaft, denkt sie. Auch gut. Sie kickt gegen ein Steinchen, das auf dem Weg liegt.

Als Silke nach Hause kommt, sitzen Mutter und Sophine am Küchentisch. Sie schneiden Fähnchen aus und reihen sie an eine bunte Kordel.

»Na, wie war die Schule?«

»Gut.«

»Hilfst du mit?«, fragt Mutter.

»Ich muss Kas Stall sauber machen.«

»Ich habe ein wenig Kopfweh.«

Silke stellt die Schultasche ab. Sie setzt sich dazu.

»Schön«, sagt Mutter. »Sieh mal einer an, wie ich hier sitze, mit meinen beiden großen Töchtern.«

»Ich bin fast acht!«, ruft Sophine.
Mutter streichelt Sophine über die Wange. »Hol mir mal
ein Aspirin, ja?«
»Bekomme ich dann Schokolade?«
»Nein, wir essen gleich.«
»Von Papa kriege ich immer Schokolade, wenn ich was
für ihn tue.«
Einen Moment sieht es so aus, als würde Mutter etwas
sagen, aber dann klappt sie den Mund wieder zu. Sie
seufzt, steht auf und holt sich selbst das Aspirin. Sie wirft
es in ein Glas mit Wasser und setzt sich wieder. »Wie
war's heute in der Schule?«

Silke hört kleine nackte Füße auf dem Linoleum im Trep-
penhaus tapsen. Sie steigt aus dem Bett. Im Flur steht
Sophine im Nachthemd.
»Bist du krank?«
»Natürlich nicht«, sagt Sophine. »Ich kann bloß nicht
schlafen.«
»Komm«, sagte Silke. »Sonst wird Mama noch wach.«
»Ich habe fast Geburtstag!«
»Ja«, sagt Silke. Sie schiebt ihre Schwester in ihr Zimmer.
Schritte auf der Treppe. Sophine geht in ihr Zimmer und
Silke macht schnell die Tür hinter ihr zu. Sophines Zim-
mer muss bewacht werden. Ein Hund ist zu klein. Ein
Wolf ist besser. Ein großer, schwarzer Wolf.
Silke merkt, wie aus ihren Händen und Füßen Pfoten
werden. Ihre Zähne wachsen. Ihre Haut wird ein zotte-

liges Fell. Ihre Ohren ragen spitz aus ihrem Kopf hervor. Sie spürt ihren langen Schwanz. Er klemmt jetzt zwischen ihren Beinen, aber sie kann auch damit wedeln. Ich bin ein Wolf, denkt Silke. Mit messerscharfen Zähnen. Ich stelle mich vor Sophines Zimmertür. Wenn Vater kommt, stehe ich dort. Ein rollendes Grrr kommt aus meinem Bauch, dringt durch meine Kehle aus mir raus. Ich knurre. Meine Nackenhaare sträuben sich. Meine Krallen kratzen auf dem Fußboden. Ich bin ein Wolf und sorge dafür, dass niemand in ihr Zimmer geht. Nur Sophine darf das. Wenn Vater kommt, schnappe ich nach seinen Beinen.

»Schön, du bist noch wach.« Vater steht vor Silke.

Es wird nichts mit dem Knurren. Meine Stimme kommt nicht aus dem Bauch, sondern aus dem Hals. Die Zähne werden kleiner. Das Fell verschwindet. Die großen Ohren werden Menschenohren. Maul wird Mund. Mund wird Silke. Silke reibt sich die Augen. Es hilft nicht, ein Wolf sein zu wollen, denn ich bin ein Mensch.

Vater schiebt Silke sanft in ihr Zimmer. Silke kriecht unter das Deckbett, aber das Bett ist nicht weit genug. Es ist nicht weit genug weg von Vater. Sie müsste einen Bus nehmen, um von ihm wegfahren zu können. Oder ein Flugzeug ans andere Ende der Welt.

Er setzt sich auf den Bettrand. »Mein großes Mädchen«, sagt er, während er über ihre Haare streichelt. Sie macht die Augen zu. Sie spürt, wie er neben sie kriecht. Das Bett ist zu klein für ihn. Er drückt sich fest an sie. Sie hört es rascheln und spürt, dass etwas auf ihre Brust fällt. Jetzt muss sie die Augen aufmachen.

Auf dem Deckbett liegt ein glänzender Streifen mit Pillen. »Was ist das?«

»Die Pille«, sagt Vater. »Es wird Zeit, dass du sie nimmst.«

»Aber ...«

»Dann bekommst du nicht so schlimmes Bauchweh. Und du bekommst keine Pickel. Du bist so hübsch jetzt.« Er streichelt ihre Wange, ihr Ohr und dann ihren Hals. »Du kannst heute Abend schon damit anfangen.«

»Oh.«

»Mach nur.«

Silke drückt eine Pille durch die Folie. Sie schluckt sie hinunter, was ohne Wasser gar nicht so einfach ist.

»Gut so«, sagt er. »Ich muss noch ein wenig arbeiten. Schade.«

Vater steht auf. Silke schließt die Augen. Sie spürt, wie er sie anschaut.

»Tschüs, mein Tiger.« Er beugt sich über sie und küsst sie. Dann geht er zur Tür. Er geht die Treppe hinunter zur Praxis.

Ka scharrt das Stroh von der einen Seite des Stalls zur anderen und umgekehrt.

»Gute Nacht, Ka.«

Von ganz, ganz tief unten kriecht ein Seufzer aus ihr heraus. Es dauert lange, bis sie einschläft.

Der fünfte Tag

*****

Silke schaut aus dem Fenster. Draußen ist es warm. Wenn es Samstag auch so schön ist, hat Sophine tolles Geburtstagswetter.

»Hallo.«

Im Regen macht es keinen Spaß, im Garten zu feiern. Stell dir vor, dass es so feste regnet, dass die Torte wegschwimmt. Sie schwimmt zu den Nachbarn. Die werden sich wundern. Alle Kinder rennen völlig durchnässt mit Kuchengabeln in der Hand hinter der Torte her. Sie kichert.

»Was hast du?«

Silke schaut auf. Da steht Engel.

»Hallo.«

»Wie geht's?« Engel setzt sich.

»Wie immer«, murmelt Silke. Ist Engel nicht sauer auf sie?

»Hat jeder seine Sachen?«, fragt Frau Hof.

»Ja!«, ruft die Klasse.

Alle gehen aus dem Klassenzimmer, über den Flur zur

Turnhalle. Schweigend ziehen Engel und Silke sich im Umkleideraum um.

Silke dreht den anderen den Rücken zu. Sie dürfen ihr beim Umkleiden nicht zusehen. Schnell schlüpft sie in ihre Sportsachen.

Die Turnhalle ist kalt. Sie sind die Ersten, die an diesem Tag Sport haben.

»Ich hasse Sport«, sagt Silke, als sie mit Gänsehaut auf den nackten Beinen auf der Bank sitzt.

»Ich mag Sport«, sagt Engel.

»Heute spielen wir Völkerball«, sagt Frau Hof.

Die Klasse jubelt.

»Auwei«, murmelt Silke.

»Wir bilden zwei Mannschaften«, sagt Frau Hof. Trista und Peter dürfen die Teams wählen. Sie stellen sich in die Mitte der Turnhalle.

»Moniek«, sagt Trista.

»Albert.«

»Silke«, sagt Trista.

Silke betrachtet ihre Knie. Auf dem einen sind zwei Muttermale und auf dem anderen ist eine kleine Narbe. Sie ist mal vom Rad gefallen, als Vater ihr das Radfahren beibrachte.

Engel stößt sie an.

»Du bist gewählt worden.«

Verwirrt schaut Silke auf. Trista winkt ihr. Sie hat ein Band in der Hand.

»Nun geh schon«, flüstert Engel.

Silke zieht die Augenbrauen zusammen. Sie wird nie gewählt. Sie bleibt immer als Letzte übrig und wird dann der Gruppe mit den wenigsten Kindern zugeteilt. Dieses Mal nicht. Langsam steht sie auf und geht zu Trista. Trista lacht. Silke lacht zurück.

Engel ist im anderen Team. Schade, denkt Silke. Sie wäre lieber in demselben Team wie Engel gewesen. Sie schaut zu, wie Engel zur anderen Seite der Turnhalle geht. Ihre Füße scheinen den Boden nicht zu berühren. Es ist, als liefe sie durch die Luft. Schwerelos.

Dann prallt ein Ball gegen Silke. Sie ist abgeworfen worden.

»Hey, du musst schon aufpassen«, zischt Trista ihr zu. Tristas Team gewinnt zweimal hintereinander. Silke wird oft getroffen. Ihre Beine sind mit roten Flecken übersät. Aber als von der anderen Mannschaft nur noch Peter übrig ist, ist sie diejenige, die ihn abwirft. Ihr Team jubelt und johlt. Ein frohes Gefühl macht sich in Silkes Bauch breit.

Außer Atem und mit roten Gesichtern sitzen die Mädchen im Umkleideraum und verschnaufen.

»Gehst du nicht unter die Dusche?«, fragt Engel. Sie hat sich ein Handtuch umgewickelt. Die Wassertropfen rinnen an ihren Beinen entlang auf den Boden.

»Handtuch vergessen«, sagt Silke. »Das war toll, gerade.«

»Ich hasse Sport«, ahmt Engel Silke nach.

Silke grinst. Engel kichert.

Sie sitzen im Park.

»Du warst richtig gut beim Völkerball«, sagt Engel.

»Hm«, sagt Silke. Sie hat es schon wieder vergessen. Jetzt denkt sie an die vergangene Nacht.

»Woran denkst du?«

»An nichts.« Silke würde Engel gern was erzählen, aber sie weiß nicht, wie sie anfangen soll. Sie hat Angst, dass Engel einen Schrecken bekommt. Oder dass sie Silke dann anders findet. Sie kann es einfach nicht sagen.

»Vielleicht laufe ich weg«, sagt Silke plötzlich. Engel sieht sie an.

»Warum willst du weglaufen?«

Silke zuckt mit den Schultern.

»Einfach so.«

Engel nickt. »Übermorgen laufe ich auch mal weg. Morgen stelle ich meine Eltern zum Sperrmüll an die Straße und heute springe ich einfach mal vom Dach.«

»Man kann doch einfach weglaufen wollen?«

»Nein, kann man nicht«, sagt Engel. »Dann stimmt was nicht.«

»Es stimmt was nicht.«

»Du kannst mir alles erzählen. Ich erzähle es nicht weiter.« Silke schweigt.

»Soll ich es raten?« Silke zuckt mit den Achseln. Engel rät es sowieso nicht.

»Haben deine Eltern oft Krach?«

»Nein.«

»Ziehen sie deine Schwester vor?«

»Nein.«

»Sind deine Eltern sehr streng?«

»Nein.«

»Bekommst du Schläge?«

Silke schüttelt den Kopf.

»Ist es etwas mit deinem Vater?«

»Was soll schon mit ihm sein?«, ruft Silke.

»Fasst er dich an?« Bumm. Die Frage kommt aus heiterem Himmel. Sie erstarrt. Es ist das erste Mal, dass jemand so etwas laut sagt. Es ist, als würde sie von innen heraus erfrieren. Von ihren Zehen aus kriecht das Eis durch ihre Beine hinauf. Es lässt ihren Bauch gefrieren, ihre Arme, ihre Hände und ihre Finger. Sie kann ihre Tasche nicht mehr festhalten. Mit einem Plumps fällt sie auf den Boden. Der Frost zieht durch ihren Nacken in ihren Kopf. Sie kann sich nicht mehr bewegen. Sie kann nicht nicken und sie kann Engel nicht ansehen.

»Das ist schlimm«, sagt Engel leise.

Ich habe nicht gesagt, dass es wahr ist. Es ist auch gar nicht wahr, denkt Silke. Ich muss sagen, dass es nicht wahr ist. Ihr Mund friert zu. Es ist ihre eigene Schuld.

Jetzt denkt Engel, dass sie einen schlechten Vater hat, während er doch immer so lieb zu ihr ist.

»Manchmal ist ein Vater lieb und schlecht zugleich«, sagt Engel, als könnte sie ihre Gedanken raten.

Kann er lieb und schlecht sein? Zugleich?, fragt Silke sich. Nein, das geht nicht. Er ist lieb. Es ist ihre Schuld. Sie ist schlecht. Niemand mag sie.

»Du kannst nichts dafür«, sagt Engel. »Es ist seine Schuld.«
Silke spürt, wie der Frost sich immer weiter in ihr aus-
breitet. Ihr Herz erfriert. Sie stirbt und das ist vielleicht
auch das Beste. Sie wird von der Bank fallen und in hun-
derttausend kleine Stücke zerbrechen. Lauter Stücke Körper. Kleine Stücke Silke.
Engel rückt näher. »Es ist nicht deine Schuld«, sagt sie.
»Was dein Vater tut, ist falsch. Das darf er nicht tun.« Ihre
Stimme ist warm. »Er muss damit aufhören.« Die Wärme
kriecht in Silkes Kopf, zu ihren Beinen hinunter. Sie
schmilzt. Die Tränen strömen ihr über die Wangen. Alle
Tränen, die sie in einer Kuhle unter den Augen gesam-
melt hat.
»Darum willst du also weglaufen.« Engel rückt noch nä-
her.
»Du darfst es nicht wissen«, sagt Silke. Sie rutscht zur an-
deren Seite der Bank, weit weg von Engel.
»Ich erzähle es niemandem«, sagt Engel. Sie gibt ihr ein
Taschentuch.
»Ich habe Angst«, sagt Silke. Und nicht nur um mich,
denkt sie.
Engel will ihr den Arm um die Schultern legen.
»Nicht«, sagt Silke. »Sollen wir über was anderes reden?«
Sie sieht Engel flehend an. Einen Moment lang ist es still.
»Es war schon ziemlich gemein von dir, so zu tun, als wür-
dest du ihn in die andere Richtung werfen.«
»Was meinst du?«, fragt Silke. Sie trocknet sich das Ge-
sicht mit ihrem Pulli.

»Als Peter allein im Feld stand.«

Sie lacht durch ihre Tränen. »Clever, was? Peter ist voll drauf reingefallen.«

»Er guckte ganz schön dumm.«

»Er bekam den Mund gar nicht mehr zu.«

»Ja, genau.«

»Möchtest du Ka sehen?«, fragt Silke plötzlich. Sofort bedauert sie es. Vielleicht treffen sie ihren Vater im Flur. Sie hat Angst, dass Engel ihn dann anstarrt. Oder etwas sagt.

»Gern«, sagt Engel.

»Vielleicht besser morgen.«

»Heute ist gut«, sagt Engel.

»Aber ...«

»Nix aber. Komm.« Engel steht auf. Sie winkt Silke. »Komm.« Gemeinsam verlassen sie den Park.

Als Silke mit Engel ins Haus tritt, sitzen Mutter und Sophine am Tisch und trinken Tee.

»Hallo Engel«, ruft Sophine.

Mutter lächelt. »Möchtet ihr Tee?« Sie schenkt zwei Tassen ein.

Silke und Engel setzen sich.

»Die Nachbarin hat gefragt, ob du nächste Woche wieder beim Blindentag hilfst, Silke«, sagt Mutter.

Silke will nicht. Den ganzen Tag fummeln Leute an einem herum. Man muss sie unterhaken. Wenn einem jemand mit den Händen übers Gesicht streicht, darf man das nicht schlimm finden.

»Ich muss eine Hausarbeit über den Mond schreiben«, sagt sie.

»Dabei kann ich dir helfen.«

»Macht Papa schon.«

»Vielleicht möchte deine Freundin ja auch mitkommen?« Mutter nickt in Engels Richtung.

Engel lächelt. »Nächste Woche kann ich leider nicht«, sagt sie.

»Aber du kommst doch zu meinem Geburtstagsfest, oder?«, fragt Sophine.

»Das ist morgen, nicht wahr?« Sophine nickt.

»Ja, gern.«

»Dann werde ich dir Ka mal zeigen.« Silke steht auf.

»Oh, ja«, sagt Engel.

Engel geht hinter Silke die Treppe hinauf. Sie betreten Silkes Zimmer.

»Das ist aber ein schönes Zimmer.«

Silke öffnet Kas Stall. Sie hebt ihn vorsichtig hoch und trägt ihn zu Engel.

»Das ist Ka.«

Er beschnuppert Engel mit seinem Samtnäschen.

»Och, ist der süß«, sagt Engel. Sie streichelt Ka sanft über den Kopf. »Hast du den auch von deinem Vater bekommen?«

Silke schüttelt den Kopf. »Ich habe ihn selbst ausgesucht und gekauft.« Sie lacht. »Fünf Monate lang habe ich gespart. Für ihn und den Stall.«

»Er ist wirklich lieb.«

Als Engel weg ist, legt sich Silke aufs Bett, um in Ruhe über alles nachdenken zu können, was heute passiert ist. Engel weiß jetzt, was los ist. Ob es richtig war, es ihr zu erzählen? Sie hat ihrem Vater versprochen, nichts zu verraten. Wenn er dahinter kommt ...

Ka hoppelt durchs Zimmer. Ab und zu knabbert er am Bett und am Stuhl. Dann findet er ein Kabel.

»Sss«, macht Silke. Ka hört nicht auf zu knabbern. Sie wirft einen Radiergummi nach ihm. Ka zuckt zusammen und hoppelt weiter.

Es ist Nacht. Alle schlafen, außer Silke. Außer Vater. Er kommt die Treppe rauf. Er geht nicht über den Flur, sondern direkt zu Silkes Zimmer.

»Schläfst du?«

Das fragt er immer. Sie antwortet nie. Manchmal hat sie Glück, aber meistens nicht. Er kommt ins Zimmer. Sie hört, wie er die Tür leise hinter sich schließt.

Sie stellt sich schlafend. Als er sich neben sie legt, tut sie immer noch, als schliefe sie.

»Mein großes Mädchen«, murmelt Vater. Er zieht an ihrem Pyjama. Silke macht die Augen auf. Sie schaut zu der Spinne, die in der Ecke an der Decke sitzt. Sie hängt dort ruhig in ihrem Netz. Silkes Arme und Beine werden Spinnenbeine. Sie wird immer kleiner und kleiner.

Ich bin eine Spinne, denkt Silke. Ich hänge in meinem Netz in der Zimmerecke. Niemand weiß, dass ich hier hänge, und niemand kann mit dem Staubsauger an mich

ran. Unten im Zimmer zieht ein fremder Mann einem fremden Mädchen den Pyjama aus. Ich kenne sie nicht, denn ich bin eine Spinne.
Mein Netz ist kaputt und es wird Zeit, dass ich es repariere.

Der sechste Tag

* * * * * *

Silke sitzt auf Sophines Bettrand. Sophine schläft. Sie hat ihre Schmusetiere im Schlaf aus dem Bett geworfen. Vater kommt herein. Er trägt lauter Päckchen und singt leise: »Hoch soll sie leben, hoch soll sie leben!« Silke singt mit und Sophine wird wach. Sie setzt sich gähnend auf.

»Ich habe Geburtstag!«, ruft sie. »Wo ist Mama?«

»Mama schläft noch«, sagt Vater. Er legt ein Päckchen aufs Bett.

»Das ist von Mama und mir.«

Sophine schaut sich das Päckchen an. Sie reißt das Papier auf. Es ist eine Schaukel für ihre Puppe. Genau so eine, wie sie sich gewünscht hat. Sie fliegt ihm um den Hals.

»Mein großes Mädchen«, sagt er.

Silke zieht die Augenbrauen zusammen. Jetzt ist Sophine also auch schon sein großes Mädchen. Eine kleine Prinzessin in ihrem kleinen Königreich. Wenn sie nicht aufpasst, darf die älteste Prinzessin nicht mehr neben dem König auf dem Thron sitzen und es gibt nur noch Platz für die jüngste.

»Ich habe auch was für dich«, sagt sie schnell. Sie legt ihr Geschenk aufs Bett. Sophine greift mit beiden Händen nach dem Päckchen und betastet es. »Ich weiß nicht, was da drin ist.« Sie reißt es auf. Aus dem bunten Geschenkpapier lugt ein schneeweißer Bär.

Sophine macht große Augen.

»Oh!«, ruft sie. »Ist der aber knuffig! Der wird mein Lieblingsbär!«

Sie legt den Bären neben sich aufs Bett. Er könnte sie beschützen, denkt Silke. Wenn es ein echter wäre. Stark und meterhoch, wenn er sich auf die Hinterbeine stellte. Er wüsste bestimmt, was er mit dem König anfangen sollte.

Es ist Nachmittag. Silke macht die Tür auf und lässt Engel herein. Überall hängen Girlanden und Luftballons. Mutter steht in der Küche und schneidet die Torte an.

»Hallo.«

»Guten Tag, und danke für die Einladung zu Sophines Geburtstag«, sagt Engel. Sie gibt Mutter die Hand.

»Dass es schon wieder acht Jahre her ist! Es geht so schnell«, sagt Mutter. »Ich kann mich noch gut an meinen eigenen achten Geburtstag erinnern. Da gab's keine Torte.« Sie lacht. Es klingt nicht ganz echt.

Sophine springt in die Küche. Auf dem Kopf trägt sie eine Papierkrone, auf die eine Acht gemalt ist.

»Rate mal, wie alt ich bin?«

»Ich würde mal sagen, acht«, sagt Engel.

»Jetzt musst du mir gratulieren«, sagt Sophine. Sie geht auf Engel zu. Die gibt ihr einen dicken Geburtstagskuss.

»Ich habe ein Geschenk für dich.« Engel zieht ein rundes, rotes Päckchen hervor.

Sophines Augen glänzen, als Engel es in ihre Hände legt. Sie reißt das Papier ab. Es ist eine Schneekugel, in der ein Pandabär sitzt. Wenn man sie schüttelt, schweben lauter Glitzerteilchen durch die Kugel. Auf der Vorderseite stehen chinesische Schriftzeichen.

»Die ist aus einem Zoo in China«, sagt Engel.

»Bist du dort gewesen?«, fragt Sophine.

Engel nickt.

»Cool«, sagt Sophine.

»Was hast du sonst noch alles bekommen?«, fragt Engel.

»Komm«, sagt Sophine. Sie nimmt Engels Hand und zieht sie mit ins Wohnzimmer. Silke folgt ihnen. Auf dem Tisch stehen die Geschenke.

»Das ist mein Lieblingsgeschenk.« Sophine greift nach einem großen weißen Bären. »Hat Silke mir geschenkt.«

»Was für ein schöner Bär!«

»Lieb, was?«

Sophine schmust mit dem Bären. Mutter stellt sich neben sie und legt den Arm um sie. »Unser großes Mädchen«, sagt sie. Mutter sagt das sonst nie. Es klingt seltsam, wenn sie es sagt. Aber Sophine sieht Silke stolz an. »Silke war immer euer großes Mädchen. Jetzt bin ich das auch«, sagt sie.

Ihr Blick ist triumphierend. Silke sieht zu Engel, aber die schaut Sophine mit großen Augen an.

»Sagst du deinem Vater bitte, dass die Kinder jeden Moment kommen?«, bittet Mutter Silke.

»Das mach ich schon«, ruft Sophine. Sie stürmt aus der Küche.

Engel und Mutter lachen.

Ein Kind nach dem anderen trifft ein. Sie geben Sophine ein Geschenk und bekommen von Mutter einen Papphut. Als alle da sind, singen sie und essen Torte. Danach gehen sie raus zum Spielen.

Silke setzt sich hinten in den Garten. Von hier aus kann sie die herumtollenden Kinder gut beobachten. Sie spielen Fangen. Sophine hat zwei Zöpfe mit Schleifen, die um ihren Kopf tanzen.

Silke legt die Hände aufs Gras. Unter dem Gras ist die Erde. Die Erde ist schwarz und tief und ruhig. Dort wird nicht gesprochen. Oder vielleicht doch, vielleicht sogar viel mehr als über der Erde, aber die Worte bleiben zwischen der Erde kleben. Je tiefer man gelangt, desto stiller, desto schwärzer. Silke schaut auf ihre Hände. Sie hat Krallen, mit denen sie gut graben könnte. Ihre Haut wird schwarz wie die Erde. Ihre Augen bleiben Augen, aber sie können nicht sehen. Um sie herum wird es dunkel, stockdunkel.

Ich bin ein Maulwurf, denkt sie. Ein Maulwurf auf der Suche nach einer Höhle.

Ich grabe tiefer und tiefer. Vielleicht finde ich einen Regenwurm. Das wäre gut, ich habe Hunger. Die Erde über mir bebt. Es regnet nicht. Das Beben nimmt zu. Wie von Menschen, die dort oben gehen. Über mir steht ein Mensch. Ein kleiner Mensch, das Beben ist nur schwach. Ich grabe ganz schnell, bis ich unter dem Menschen bin. Es ist ein Mädchen. Mit beiden Pfoten ziehe ich sie an ihren Strümpfen herab. In die Erde. Unter der Erde bleibt sie immer sieben. Sie kann so viel reden, wie sie will, und nur ich, kleiner Maulwurf, werde es hören. Ich werde ihr zuhören. Ich werde sie füttern und sie wird in ihrem Bett aus Erde schlafen, unter dem Boden.

»Mädchen, du kannst vielleicht träumen.« Silke kriecht aus der Erde hinauf. Ihre Pfoten werden Hände. Ihre Augen können wieder sehen. Ihr pechschwarzes Fell wird helle Haut. Vor ihr hockt ihre Mutter. Sie hält einen Plastikteller in der Hand, auf dem ein Stück Torte liegt.

»Hier.«

Silke nimmt den Teller entgegen. »Danke, Mam.« Sie nestelt an dem Teller herum. »Mam?«

Mutter schaut mit gerunzelter Stirn zu den spielenden Kindern.

»Mam?«

Sie dreht sich zu Silke. »Was ist, mein Schatz?«

»Ich habe eine Freundin und die hat Probleme.«

»Wie meinst du?«

»Sie hat Probleme mit ihrem Vater.«

Silke stochert mit der Gabel in der Torte herum. Sie wagt

es nicht, ihre Mutter anzusehen. »Stell dir vor, ich hätte Probleme mit Papa.«

»Undenkbar! Ihr versteht euch so gut«, sagt Mutter. »Manchmal bin ich fast ein bisschen eifersüchtig. Ein Herz und eine Seele! Das ist was sehr Besonderes.« Mutter schaut wieder zu den spielenden Kindern. Mam, hier bin ich, will Silke sagen.

»Ich dachte es mir schon«, sagt Mutter, während sie Engel anstarrt. »Man kann Engel ansehen, dass sie Probleme hat.«

Mutter winkt Vater zu. Er kommt zu ihnen. Mutter steht auf und fasst ihn am Arm.

»Was gibt's?«, fragt Vater.

Mutters Hände wedeln in die Richtung der Kinder. »Haben sie Spaß miteinander? Sind die Spiele wirklich gut genug? Die Nachbarn hatten einen Clown.«

Vater starrt Mutter an.

»Die ganze Nachbarschaft hatte einen Clown. Du hast gesagt, wir bräuchten keinen Clown.«

Vater kratzt sich am Kopf.

»Warum hast du das denn nicht geregelt?«

»Aber ...« Mutter öffnet den Mund, bringt jedoch kein Wort heraus. Ihr Mund schließt sich wieder. Mutter schluckt.

Alles, was sie sagen möchte, schluckt sie hinunter, denkt Silke.

Mutters Kopf ist voller unausgesprochener Worte. Darum hat sie immer Kopfweh und kann nicht schlafen. Silke sieht sich ihr verzweifeltes Gesicht an. Eines Tages wird Mutters Kopf so schwer sein, dass er abfällt und durch den Garten rollt.

»Sophine hat Angst vor Clowns«, sagt Silke.

Mutter schaut Silke erstaunt an.

»Wirklich?«

Silke nickt. Vater tippt ihr leicht auf die Nase.

»Rettender Engel.« Dann geht er weg.

»Ich hole Chips«, sagt Mutter. Sie will los, überlegt es sich aber anders. »Wenn Engel Probleme hat, kannst du ihr bestimmt helfen«, sagt sie. Dann dreht sie sich um.

Silke und Engel sitzen auf dem Bett in Silkes Zimmer. Sie malen sich gegenseitig Herzchen in ihre Hefte. Silke denkt an ihren achten Geburtstag. Ihr Vater kam herein und brachte ihr noch ein Geschenk. Er sagte, dass er es vergessen hatte. Es war schon spät. Er flüsterte. Erst fand sie es schön, dass er noch reinschaute. Dann kroch er unter ihr Deckbett.

Das war an ihrem achten Geburtstag. Silke malt ein Herz aus. Der Rand ist rosa und innen wird es orange.

»Ich habe Angst, dass er zu Sophine geht«, sagt Silke.

»Ich auch«, sagt Engel. »Du musst mit jemandem darüber reden.«

»Ich rede mit dir.«

»Mit einem Erwachsenen.«

Silke schaut auf ihre Schuhspitzen. Ihre Schuhe müssen unbedingt geputzt werden.

»Kannst du nicht mit deiner Mutter reden?«, fragt Engel.

Wenn ich es ihr erzähle, denkt Silke, dann zerbricht sie. In zwei Stücke. Dann stehe ich da mit zwei Stücken Mutter. Das untere Stück rennt in die Küche, um Chips zu holen. Das obere Stück schüttelt den Kopf und fängt an zu weinen. Und es wird nie wieder gut werden.

»Nein.«

»Aber mit wem dann?«

Silke zuckt mit den Schultern. Sie weiß es wirklich nicht. Niemand würde ihr glauben.

Engel steht auf. »Ich muss jetzt gehen. Sehen wir uns morgen im Park?«

»Vielleicht.«

Engel sieht Silke mit ihren blauen Augen lange an. Sie schaut ein wenig traurig.

»Also gut«, sagt Silke.

»Bis morgen.«

»Bis morgen.«

Es ist spät.

Silke liegt im Bett. Sie lauscht den Schritten ihres Vaters im Flur. Jetzt hält er inne. Wenn er nur nicht zu Sophine geht, denkt Silke. Sie springt aus dem Bett. Als sie die Tür öffnet, sieht sie Vater vor Sophines Zimmertür stehen.

»Bist du noch auf?«, fragt er.

»Ich kann nicht schlafen«, sagt Silke. Sie macht einen Schmollmund.

»Möchtest du einen Gutenachtkuss?«
Silke nickt und schaut Vater mit großen Augen an.
»Ich bringe dich ins Bett«, sagt er.

»Was machst du so spät noch hier?«
Mutter steht im Badezimmer.
Silke hat sich ein Handtuch umgewickelt. Sie hat gerade
geduscht.
»Du sollst nicht so oft duschen. Das kostet Geld.« Mutter
geht zum Schrank. Sie nimmt eine Pille aus einem Tiegel.
Mit einem Schluck Wasser schluckt sie sie herunter.
Dann dreht sie sich um. Sie schaut auf Silkes Handtuch.
»Das ist schmutzig.« Mutter zieht Silke das Handtuch
weg. Sie nimmt einen Zipfel und riecht daran.
»Igitt.« Sie wirft es in den Wäschekorb. Silke steht im Ba-
dezimmer, die Füße auf der weichen Badematte. Ihre
Haut ist rot vom Abschrubben und runzelig vom langen
Duschen. Sie hat Gänsehaut.
»Hier hast du ein frisches«, sagt Mutter. »Abtrocknen
und dann ab ins Bett, ja?«
»Mam?«
»Ja?«
»Ich kann nicht schlafen.«
»Wie deine Mutter.« Sie geht zum Schrank. Aus demsel-
ben Tiegel nimmt sie jetzt eine Pille für Silke. »Kein Wort
zu deinem Vater. Wir wollen ihn doch nicht beunruhigen,
was?«

Der siebte Tag

* * * * * *

Silke geht in den Park. Sie hat nachgedacht und einen Entschluss gefasst. Aber jetzt muss sie es Engel noch erzählen.

Die sitzt auf der Bank im Park.

»Hallo.«

»Hallo.«

»Ich habe heute Morgen in Sophines Zimmer geschaut. Da lag sie und schlief mit dem Bär im Arm.«

Engel lächelt. Sie schaut auf Silkes Finger.

»Du hast einen neuen Ring«, sagt Engel.

An Silkes Zeigefinger steckt ein dünner Goldring mit einem rosafarbenen Stein.

»Schön, nicht?«

»Ja, sehr schön. Hast du ihn von deinem Vater bekommen?«

Silke nickt.

»Oh.«

Silke bleibt stehen. »Ich habe beschlossen, dass ich niemandem was sagen werde«, sagt sie.

Engel sieht sie an. »Warum nicht?«

»Weil ...« Sie weiß nicht genau, warum. Weil Vater sagt, dass es ihr Geheimnis ist. Weil sie Angst hat, dass Mutter es nicht erträgt. Weil niemand ihr glauben wird. Weil. Es gibt Hunderte Weils.

Engel sagt nichts.

»Weil sie denken, dass ich alles falsch gemacht habe.«

»Du hast nichts getan.«

»Er sagt, dass ich ihn verführt habe.«

»So, sagt er das?«, fragt Engel wütend. »Und ist das wahr?«

Silke beißt sich auf die Lippen. Vielleicht nicht mit Absicht. Sie hatte ... Sie hat doch?

»Ist das wahr?«, fragt Engel noch mal.

»Nein«, sagt Silke. Sie meint, was sie sagt, sie ist sich sicher. Sie hat ihn nicht verführt. Sie hat nie gewollt, dass er ... Auch wenn er etwas anderes sagt.

»Ich kann es trotzdem nicht«, sagt sie.

Engel steht auf. »Komm mit!« Engel geht weg. Silke steht auf und folgt ihr. Engel geht den Pfad entlang zur Mitte des Parks. Dort ist ein großer Teich inmitten einer großen Wiese. Das Wasser ist schwarz und tief. Zwei Schwäne und ein paar Enten schwimmen hin und her. Eine Ente hat Küken. Sie paddeln, so schnell sie können, hinter ihrer Mutter her, aber die Entenmutter schwimmt viel schneller, weil sie viel größere Füße hat.

»Wirf den Ring weg.«

»Was?«, sagt Silke.

»Streif den Ring ab und wirf ihn ins Wasser.«

»Was soll das? Du bist verrückt. Es ist ein wunderschöner Ring.«

»Es ist Bestechung«, sagt Engel. »Weißt du, warum er dir Geschenke macht?«

»Er findet mich lieb.«

»Er will, dass du den Mund hältst. Darum hast du diesen Ring bekommen.«

»Ich bekomme immer etwas, wenn Sophine Geburtstag hat.«

»Was für ein Unsinn!«, sagt Engel. »Warum hast du ihn bekommen?«

Für tausend Küsse auf den Bauch, denkt Silke. Er hat damit tausend Küsse gekauft. Sie fummelt an dem Ring herum. Engel hat Recht. Er will, dass sie den Mund hält. Langsam zieht sie den Ring vom Finger.

»Es ist meine Lieblingsfarbe«, murmelt sie. Sie schaut auf den Stein, der glänzt und funkelt. Silke hebt den Arm. Sie holt weit aus und wirft den Ring ins Wasser. Er berührt die Wasseroberfläche und sinkt sofort. Weg ist der Ring. Verschluckt im tiefen Schwarz des Teichs.

»Ich will ihn zurückhaben«, ruft Silke schnell. Was hat sie getan?

»Nein«, sagt Engel.

Wenn sie sich in einen Fisch verwandeln würde, könnte sie sich im dunklen Wasser auf die Suche machen. Sie würde den Ring zwischen ihre dicken Fischlippen klemmen. Dann würde sie sich wieder in Silke zurückverwandeln. Die Leute würden ganz schön gucken, wenn da plötzlich ein Mädchen mit einem Ring im Mund aus dem Teich auftauchte. Das wäre ihr egal. Sie würde den Ring überstreifen. Ohne Engel auch nur eines Blickes zu würdigen, ginge sie nach Hause. Mit quatschenden Schuhen.

Silke wird kein Fisch und der Ring bleibt weg.

»Er wird wütend, wenn er sieht, dass er weg ist«, sagt sie. Sie spürt die Tränen in den Augen brennen. Wie konnte sie nur so dumm sein? Vielleicht hat er sie jetzt nicht mehr lieb.

»Du hast es richtig gemacht«, sagt Engel.

Silke kneift sich in den Arm. Sie schluckt die Tränen herunter. »Aber ich kann es nicht erzählen.«

»Du kannst es auch aufschreiben.«

»Und was dann?«

»Dann lässt du es jemanden lesen.«

Silke zuckt die Achseln. »Ich kenne niemanden.«

»Die Nachbarin?«

»Die glaubt mir niemals.«

»Frau Hof?«

Daran hat Silke noch nicht gedacht. »Frau Hof ist nett, aber …« Es kommt ihr komisch vor, dass die Lehrerin es wissen könnte. Dann ekelt sie sich vielleicht vor Silke.

»Ich weiß, dass sie früher schon mal jemandem geholfen hat.«

»Hast du ihr von mir erzählt?«, fragt Silke ängstlich.

»Nein, natürlich nicht«, sagt Engel. »Komm, wir setzen uns hin.«

Sie setzen sich auf eine Bank am Teich. Engel holt einen Schreibblock und einen Stift hervor.

»Frau Hof ist nett«, sagt Silke. »Aber ...«

»Schreib ihr einen Brief«, sagt Engel. Sie gibt Silke den Block.

»Ich weiß nicht.« Silke fummelt an ihrer Tasche herum. »Ich muss erst mal darüber nachdenken, was ich schreiben soll. Wie soll ich anfangen?«

»Ganz normal, wie du immer einen Brief anfängst.«

»Liebe Frau Hof, hallo Frau Hof«, sagt Silke.

»Schreib so, wie du am liebsten anfängst.«

»*Liebe Frau Hof* ist schleimig und *Hallo Frau Hof* geht auch nicht.«

Engel schaukelt mit den Beinen. Silke fängt an zu schreiben.

Für Frau Hof,

»Was jetzt?«

Engel schaut Silke an. »Was jetzt?«

Engel beantwortet ihren Blick mit Augen, die blauer sind als blau. Silke wird ruhig.

»Ich muss es aufschreiben.«

Engel nickt.

Ich habe ein Problem. Es ist so schlimm, dass ich mich kaum traue es aufzuschreiben. Aber ich muss es jemandem erzählen.

»Vielleicht glaubt sie mir nicht«, sagt Silke.
Engel schüttelt den Kopf. »Sie glaubt dir ganz bestimmt.«
»Warum sollte sie?«
»Ich glaube dir auch.«
»Du bist du«, sagt Silke. »Das ist anders.«
Engel lächelt. »Denkst du wirklich, dass sie dir nicht glaubt?«
»Sie kennt meinen Vater.«
»Ja, und?«
»Na ja«, sagt Silke. Sie kaut an dem Stift. Vielleicht hat Engel Recht. Vielleicht wird Frau Hof ihr glauben. Dann beugt sie sich über den Block und schreibt schnell. Ein Wort nach dem anderen fällt aus ihrem Kopf auf die Seite.

Ich habe ein Problem mit meinem Vater.
Er ist eigentlich sehr lieb, aber manchmal nicht.
Wenn ich schlafe, kommt mein Vater in mein Zimmer.
Er macht mich wach und will mich dann anfassen.
Und so.

Silke schaut auf. Sie sieht Engel mit großen Augen an.
»Du liest doch nicht mit, oder?« Sie hält die Hand vor das Papier.
»Nein«, sagt Engel. »Ich lese nicht mit.«
Silke beugt sich vor.

*Ich habe große Angst, dass er auch zu meiner kleinen
Schwester geht. Das will ich nicht. Ich will auch
nicht, dass er mich anfasst. Er darf nicht wissen, dass
ich es aufgeschrieben habe.* Bitte erzählen Sie es
also nicht weiter.

Können Sie dafür sorgen, dass er aufhört?

Den letzten Satz streicht sie durch.

Grüße von Silke

»Fertig«, sagt Silke.
»Gut«, nickt Engel. »Darf ich ihn lesen?«
Silke hält den Brief in der Hand. Plötzlich zerreißt sie ihn.
Sie lässt das Papier durch die Luft auf den Boden segeln.
Engel steht auf. Sie hebt die Papierstücke auf und setzt sich
wieder auf die Bank. Vorsichtig legt sie die Fetzen auf ei-
nen Stapel. Dann holt sie eine Schere und Tesafilm aus der
Tasche. Wie ein Puzzle legt sie die Papierstücke an die rich-
tige Stelle und klebt sie in aller Ruhe wieder zusammen.
»Hast du immer eine Schere und Klebeband dabei?«,
fragt Silke.
»Wenn es nötig ist, schon«, antwortet Engel. Sie liest den
Brief. Als sie damit fertig ist, sind ihre Augen dunkelblau
vor Wut und ihre Hände sind zu Fäusten geballt.
»Am liebsten würde ich deinen Vater ...«, fängt sie an. Silke bekommt einen Schrecken. Niemand darf ihrem Vater
etwas antun.

Engel schluckt ihre Worte herunter. Sie schüttelt den Kopf. »Es ist gut, dass du den Brief geschrieben hast. Sehr gut.« Langsam werden Engels Augen wieder so blau wie der Himmel an einem warmen Sommertag.

Der achte Tag

****

Als es klingelt, rennen alle aus der Klasse. Alle außer Silke und Engel. Silke wäre am liebsten mit den anderen Kindern rausgerannt. Gleich in den Park und dort in Sicherheit auf einer Bank sitzen. Aber hinter ihr steht Engel. Silke vermutet, dass Engel sie zurückhält, wenn sie auch nur einen einzigen Schritt in die falsche Richtung macht.

»Komm«, sagt Engel.

»Ich traue mich nicht«, zischt Silke.

»Ist was?«, fragt Frau Hof. Sie steht neben ihrem Pult.

Silke schüttelt den Kopf.

»Sie möchte was erzählen, aber sie traut sich nicht«, sagt Engel.

Silke stößt sie in die Seite. »Ich erzähle es morgen«, flüstert sie.

»Nein, jetzt!«, zischt Engel.

Frau Hof kommt näher. »Ist was mit euch?«

Engel nickt.

»Silke, stimmt was nicht?«

»Ich traue mich nicht es zu sagen.«

»Du kannst mir alles erzählen, das weißt du doch«, sagt die Lehrerin.

Silke schaut auf den Fußboden. Sie weiß, dass sie alles erzählen kann. Frau Hof denkt vielleicht an Kaugummi-klauen im Supermarkt. Oder an Mobbing, an Eltern, die sich scheiden lassen, aber alles? Wirklich alles? Silke sieht Engel an. Engels Augen sagen: »Du kannst es.« Dann zwinkert sie ihr zu. Sie geht aus dem Raum. Hilfe!, denkt Silke. Im Türrahmen dreht Engel sich um. »Auf Wiedersehen, Silke«, sagt sie. Es klingt wie ein Abschied. »Bis gleich.«

Engel schüttelt den Kopf, aber das sieht Silke nicht. Frau Hof setzt sich hin.

»Nimm dir doch einen Stuhl.«

Silke setzt sich. Sie ist fast zu groß für die Stühle hier. In zwei Monaten wird sie zur weiterführenden Schule ge-hen. Da sind die Tische und Stühle bestimmt höher.

»Woran denkst du?«, fragt Frau Hof.

»An die neue Schule«, sagt Silke.

»Hast du Angst dorthin zu gehen?«

»Ja«, sagt Silke. »Ich bleibe lieber hier.«

»Warum sollte es dir dort nicht gefallen?«

»Es ist bestimmt riesengroß und voll.«

»Aber das kann auch viel Spaß machen.«

»Ja, vielleicht«, sagt Silke. Sie nestelt an ihrer Tasche.

»Wolltest du darüber sprechen?«, fragt Frau Hof.

Silke schluckt. Sie muss weinen, aber das will sie nicht.

Die Tränen brennen in ihren Augen.
»Hast du Probleme zu Hause?«
Sie nickt.
»Mit deinen Eltern?«
Silke steht auf. Das hier ist nicht richtig.
»Komm, bleib sitzen«, sagt Frau Hof.
Ihre Füße kleben am Boden fest. Sie kann nicht weg.
»Bitte«, sagt Frau Hof. »Was ist mit deinen Eltern?«
Silke setzt sich wieder. Langsam macht sie ihre Tasche
auf. Hinten in ihrem Heft steckt der Brief. Er fühlt sich
seltsam an mit dem Klebeband. Frau Hof streckt die
Hand aus, aber Silke gibt ihn ihr noch nicht.
»Sie dürfen es nicht weitererzählen. Versprechen Sie mir,
dass Sie nichts erzählen werden, niemandem?«
Frau Hof nickt. »Das verspreche ich.«
Silke gibt ihr den Brief. Frau Hof nimmt ihn entgegen,
faltet ihn auseinander und fängt an zu lesen. Sie runzelt
die Stirn beim Lesen. Sie bekommt zwei tiefe Denkfalten.
Als sie fertig ist, liest sie ihn noch mal. Dann gibt sie Silke
den Brief mit einem Seufzer zurück. »Ich weiß nicht, was
ich sagen soll«, sagt sie.
Glaubt sie mir nicht?, denkt Silke.
»Ich wusste, dass etwas nicht stimmt ...«, spricht Frau Hof
weiter. »Aber ... dass es das ist! Ich hätte es nie gedacht.
Wie schlimm für dich!«
Sie glaubt mir, denkt Silke. Sie versucht ihre Tränen hi-
nunterzuschlucken, aber es sind zu viele. Sie rinnen einfach aus ihren Augen, über ihre Wangen. Sie kann sie

nicht stoppen. Frau Hof will ihr die Hand auf die Schulter legen, aber Silke dreht sich weg. Sie schluchzt laut. Frau Hof nimmt ein Taschentuch und gibt es ihr.

»Was dein Vater tut, ist nicht erlaubt«, sagt Frau Hof. »Es ist nicht nur schlimm, dass er das macht, es ist auch gesetzlich verboten.«

Silke bekommt einen Schrecken. »Ich will nicht, dass er ins Gefängnis muss. Das will ich nicht. Kann das denn passieren?«

»Ja, das kann sein. Was möchtest du, was soll jetzt geschehen?«, fragt Frau Hof.

»Ich will, dass er Sophine in Ruhe lässt.«

»Und dich?«

»Wenn er nur die Finger von Sophine lässt«, sagt Silke. »Sie ist gerade acht geworden. Da hat er bei mir auch angefangen. An meinem Geburtstag. Er darf sie nicht anfassen.«

»Ich finde, dass er dich auch in Ruhe lassen muss«, sagt Frau Hof.

Silke schluckt. »Aber ich bin ja selbst schuld«, sagt sie.

»Wieso?«

»Ich tue was.«

»Was denn?«

Silke zuckt mit den Schultern. »Er sagt, dass ich ...«, sie kann es kaum herausbringen, »... es herausfordere.«

Frau Hof schlägt mit der flachen Hand auf das Pult. »Was für ein Unsinn! Wie kannst du das denn herausfordern? Es ist nicht deine Schuld. Ganz sicher nicht.« Sie ist wütend. Sie schaut Silke tief in die Augen. »Es ist nicht deine Schuld! Glaubst du mir?«

Silke starrt auf die Tischplatte.

»Was möchtest du jetzt?«

»Ich möchte, dass er aufhört«, sagt Silke.

»Wie kann ich dafür sorgen?«

Das weiß Silke nicht. Sie glaubt, dass es keine Lösung gibt. »Wenn er herausfindet, dass ich es erzählt habe ...«

»Was dann?«

Silke sieht Frau Hof an. »Dann bin ich nicht mehr sein großes Mädchen.«

»Das glaube ich nicht«, sagt Frau Hof. »Aber ich glaube schon, dass er sehr böse wird. Weiß deine Mutter davon?«

Silke zuckt mit den Schultern. »Ich weiß nicht. Ich glaube nicht.«

Frau Hof seufzt. Silke wischt sich die Tränen ab und schnäuzt sich die Nase. Frau Hof denkt nach.

»Weißt du was«, sagt sie. »Du denkst heute Abend darüber nach, wie du meinst, dass ich dir helfen kann. Morgen nach der Schule kommst du wieder zu mir. Ich werde heute Abend jemanden anrufen, ohne deinen Namen zu nennen, um zu fragen, was ich am besten für dich tun kann. Was meinst du, sollen wir es so machen?«

Silke ist plötzlich sehr müde. Am liebsten würde sie schlafen. Unter einem Baum auf dem Moos. Weit weg von allen. Und dann würde sie aufwachen und alles wäre nur ein Traum gewesen.

»Kommst du morgen zu mir?«, fragt Frau Hof.

Silke schaut in die grünen Augen der Lehrerin. In ihrer Iris sind lauter gelbe Pünktchen. Das hat sie noch nie gesehen.

»Ja«, sagt sie.

»Traust du dich nach Hause? Ich würde dich am liebsten mit zu mir nach Hause nehmen, aber das geht nicht.« Silke beißt sich auf die Lippe. Sie kann sich nicht vorstellen, dass es je anders wird. Frau Hof steht auf. Silke steht auch auf.

»Hab keine Angst. Wir schaffen das.«

Silke geht aus dem Klassenzimmer.

»Silke?«

Sie dreht sich um.

»Ich bin froh, dass du es mir erzählt hast«, sagt Frau Hof. »Sehr froh.«

Silke lacht. Obwohl sie sich nicht so sicher ist, ob sie selbst froh ist, dass sie es erzählt hat. Sie ist auf jeden Fall froh, dass Frau Hof ihr glaubt.

Sie verlässt die Schule. Der Schulhof ist wie leer gefegt. Wo ist Engel? Vielleicht ist sie noch auf der Toilette? Silke setzt sich auf die Mauer neben der Tür. Sie schiebt die Hände in die Taschen. In der Jackentasche ist etwas Hartes. Wie seltsam! Sie benutzt ihre Jackentaschen nie. Sophine steckt immer alles Mögliche hinein. Murmeln, Bleistiftstummel, Haargummis. Auch kaputte.

Sie greift in die Tasche. Es ist ein silberner Engel mit gläsernen Flügeln, ganz klein. Wie kommt der denn nur in ihre Jackentasche? Sie schaut um sich. Da sieht sie Trista aus dem Fahrradkeller kommen.

»Hey.«

»Hey.«

»Meine Eltern sind auch noch nicht da«, sagt Trista.

»Oh«, sagt Silke. »Ich warte nicht auf meine Eltern. Ich suche Engel.« Sie steckt die kleine Figur wieder in die Jackentasche. »Ist sie vielleicht im Fahrradkeller?«

Trista schüttelt den Kopf. »Ich habe sie nicht gesehen. Ihr seid gute Freundinnen, wie?«

»Ja.«

»Ich habe gehört, dass sie wegzieht.«

»Was?«

»Sie sagte, dass sie nicht lange hier bleiben würde. Weißt du das denn nicht?«

Silke beißt sich auf die Lippen. Warum hat Engel ihr das nicht erzählt?

Trista lacht. »Ich stehe hier schon eine halbe Stunde. Mein Vater vergisst öfter mal mich abzuholen. Ich kenne übrigens deine Schwester.«

»Oh.«

»Sophine, nicht wahr?«

»Ja.«

»Sophine spielt ab und zu mit meinem kleinen Bruder.«

»Ah, ja«, sagt Silke. Sophine hat mal was von einem Patrick erzählt, mit dem sie spielt.

Ein Auto fährt auf den Schulhof. Es hupt drei Mal.

»Das ist mein Vater«, sagt Trista. »Hast du Lust mitzukommen? Dann kann ich dir mein Zimmer zeigen. Ich habe zwei Meerschweinchen.«

Silke denkt nach. Sie weiß nicht, ob sie das möchte. Aber sie hat auch keine Lust, nach Hause zu gehen.

»Magst du keine Tiere?«

»Doch«, sagt Silke. »Ich habe ein Kaninchen.«

»Wie heißt es?«

»Ka.«

»Meine heißen Meer und Schweinchen.«

Silke muss lachen. Sie denkt an die erste Begegnung mit Engel. Trista lacht auch.

Die Wagentür schwingt auf.

»Nun komm schon, Trista.«

»Hallo Papa«, sagt Trista. »Darf Silke mitkommen?«

»Du bist Sophines Schwester, ja?«

Silke schaut zu dem Mann am Steuer. Sie nickt.

»Steigt ruhig ein.«

Trista steigt ein. Silke schaut über die Schulter nach hinten. Einen Moment denkt sie, dass sie Engel sieht, aber als sie näher hinschaut, ist es nur ein Baum. Hinter dem Fenster der Schule steht Frau Hof. Sie winkt. Silke winkt zurück.

»He, du Schlafmütze. Kommst du endlich?«, fragt Trista.

Silke steigt ins Auto.

Als die Bäume vorbeisausen und Trista mit ihrem Vater redet, tastet Silke in ihre Jackentasche. Sie hat einen Engel von Engel bekommen. Gehört sie nun zu der Sammlung glücklicher Menschen? So glücklich fühlt sie sich nicht. Aber den Engel hat sie bestimmt nicht einfach so bekommen. Sie ist erleichtert. Als wäre ihr ein Stein aus dem Magen geholt worden.

Tanneke Wigersma
wurde 1972 in den Niederlanden geboren.
Sie studierte an der Kunstakademie in Kampen
und arbeitete beim Kindersorgentelefon.
2002 veröffentlichte sie ihr erstes Bilderbuch, das
viel Beachtung fand. Mit *Acht Tage mit Engel* legt
sie nun ihr erstes Kinderbuch vor.

Wenn du Rat und Hilfe suchst, kannst du dich an eine der folgenden Stellen wenden. Dort erfährst du auch Adressen von Beratungsstellen in deiner Nähe.

Deutschland

Allerleirauh e. V.
Beratung bei sexuellem Missbrauch – Prävention – Fortbildung
Menckesallee 13
22089 Hamburg
Tel. (0 40) 29 83 44 83
www.allerleirauh.de
info@allerleirauh.de

IMMA Beratungsstelle für Mädchen und junge Frauen
An der Hauptfeuerwache 4
80331 München
Tel. (0 89) 2 60 75 31
www.imma.de
beratungsstelle@imma.de

Lobby für Mädchen
Mädchenhaus Köln e. V.
Kaesenstr. 18
50677 Köln
Tel. (02 21) 32 92 27
www.maedchenhauskoeln.de
info@maedchenhauskoeln.de

Nummer gegen Kummer e. V.
Tel. (08 00) 1 11 03 33
Kostenfreie und anonyme Telefonberatung bundesweit
Montag–Freitag von 15–19 Uhr

WILDWASSER Kreis Groß-Gerau
Beratungsstelle gegen sexuellen Missbrauch
Darmstädter Str. 101
65421 Rüsselsheim
Tel. (0 61 42) 96 57 60
www.wildwasser.de

Österreich

die möwe – Kinderschutzzentrum
Börsegasse 9
A-1010 Wien
Tel. (01) 5 32 15 15
www.die-moewe.at
ksz-wien@die-moewe.at

Schweiz

Notrufnummer 147
Telefonhilfe für Kinder und Jugendliche

mehr lesen von Brigitte Minne:

Brigitte Minne
Eichhörnchenzeit
oder Der Zoo in
Mamas Kopf

Sauerländer

Amber trainiert mit ihrem Freund, sie will unbedingt in seine Fußballmannschaft aufgenommen werden. Heute war sie richtig gut, fünfundachtzig von hundert Strafstößen hat sie ins Tor geknallt. Begeistert will sie ihrer Mutter davon erzählen, aber die möchte nur in Ruhe gelassen werden und schlafen. Wie ein Eichhörnchen, das Winterschlaf hält. An anderen Tagen benimmt sie sich wie ein Zirkusaffe, jongliert mit Pfannkuchen, tanzt mit Papa um den Küchentisch und ist der fröhlichste Mensch auf der ganzen Welt. Dann wieder ist sie ängstlich wie ein Hase. Amber muss sich oft um den kleinen Bruder und den Haushalt kümmern. Sie ist ein starkes Mädchen, aber eines Tages wird ihr alles zu viel ...

»Ein wunderbares Buch zum Lesen oder Vorlesen, nicht nur für Betroffene.« *Bücherbär*

Die besten 7 von DeutschlandRadio und Focus

Ab 8 Jahren. 104 Seiten. Gebunden
ISBN 3-7941-6021-5

Sauerländer

Die Übersetzung dieses Buches wurde freundlicherweise
durch den Nederlands Literair Produktie- en Vertalingenfonds
unterstützt.

Titel der niederländischen Originalausgabe:
Acht dagen met Engel
© Tanneke Wigersma 2004
Originally published by Lemniscaat b.v. Rotterdam 2004

Die Deutsche Bibliothek verzeichnet diese Publikation
in der Deutschen Nationalbibliografie;
detaillierte bibliografische Daten sind im Internet
über http://dnb.ddb.de abrufbar.

Umschlagbild: Isabel Pin
Umschlaggestaltung: heike ossenkop pinxit, CH-Basel
Druck und Bindung: Stückle, Ettenheim
ISBN 3-7941-6051-7
www.patmos.de